高职高专财经商贸类专业系列教材

基础会计练习与模拟实训

第 4 版

主 编 孔德军 沈艾林

参 编 赵 燕 李 英 李 坤 张 露

机 械 工 业 出 版 社

本书是《基础会计》的配套练习与实训教材，是为职业教育开展会计理实一体化教学需要而设计的。全书分为两部分，第一部分为会计基础知识练习，配合《基础会计》教材提供各种类型的练习题，重在会计基础知识的巩固与提高；第二部分为会计模拟实训，包括会计专项技能实训与综合实训，会计专项技能实训涵盖财会数字书写、经济业务的发生对会计等式的影响、借贷记账法、填制原始凭证、审核原始凭证、填制与审核记账凭证、登记会计账簿、财产清查、编制会计报表、会计凭证装订等单项内容，综合实训则在专项技能实训的基础上集中进行从企业建账开始到会计报表编制全过程的模拟训练。

本书可与各版本《基础会计》教材配套，供高职高专会计、财务管理、审计、国际贸易、会计电算化等专业理实一体化教学使用，也可作为在校学生与在职人员的学习和参考用书。

凡选用本书作为教材的教师请登录 www.cmpedu.com，注册为会员后可免费获取答案。

图书在版编目（CIP）数据

基础会计练习与模拟实训 / 孔德军，沈艾林主编. —4 版. —
北京：机械工业出版社，2020.5（2023.7 重印）
高职高专财经商贸类专业系列教材
ISBN 978-7-111-65163-5

Ⅰ．①基…　Ⅱ．①孔…　②沈…　Ⅲ．①会计学—高等
职业教育—习题集　Ⅳ．① F230-44

中国版本图书馆 CIP 数据核字（2020）第 049453 号

机械工业出版社（北京市百万庄大街 22 号　邮政编码 100037）
策划编辑：乔　晨　　责任编辑：乔　晨
责任校对：李　伟　　封面设计：鞠　杨
责任印制：常天培
北京机工印刷厂有限公司印刷
2023 年 7 月第 4 版第 2 次印刷
184mm×260mm · 14 印张 · 296 千字
标准书号：ISBN 978-7-111-65163-5
定价：39.00 元

电话服务　　　　　　　　　网络服务
客服电话：010-88361066　　机 工 官 网：www.cmpbook.com
　　　　　010-88379833　　机 工 官 博：weibo.com/cmp1952
　　　　　010-68326294　　金 书 网：www.golden-book.com
封底无防伪标均为盗版　机工教育服务网：www.cmpedu.com

前　言

本书主要针对高职高专财经商贸类相关专业的学生。全书贯穿"理实一体，突出技能培养"这一指导思想，保证了本书的实用性与可操作性。

本书主要包括会计基础知识练习、会计模拟实训两个部分。会计基础知识练习部分与《基础会计》同步，配置标准化习题，题型有单项选择题、多项选择题、不定项选择题、判断题、计算题、业务题等。其内容适用于各种版本的《基础会计》。会计模拟实训部分包括会计专项技能实训与综合实训。会计专项技能实训涵盖财会数字书写、经济业务的发生对会计等式的影响、借贷记账法、填制原始凭证、审核原始凭证、填制与审核记账凭证、登记会计账簿、财产清查、编制会计报表、会计凭证装订等单项内容。专项技能实训针对会计工作某一方面的能力进行训练，重在知识的运用，一般随堂进行，学、练结合，教、学、做一体化；综合实训则模拟一企业全年最后一个月较完整的经济业务，通过提供实际工作中仿真的票据、单证式样，让学生在逼真的单据操作训练中，完成从企业期初建账、填制记账凭证、登记账簿到编制会计报表全过程、完整的会计工作。

本书有以下方面特色：

1. 针对性强。本书可以作为《基础会计》的配套教材，将《基础会计》中的知识点以练习题的形式提供给学生练习，重在帮助学生理解与掌握；将会计的基本技能通过专项技能实训的方式，突出某一方面的技能训练，培养处理单项会计工作的能力；通过综合实训，让学生运用专项技能实训所掌握的技能，完成某一会计期间的会计业务处理循环工作。

2. 理实一体化。改变了传统会计教学"文字表达经济业务，T形账户讲解会计处理"的教学模式，更多地将实际工作中使用的证、账、表纳入教材，增强学生学习过程中的感性认识，提高教学效果；改变了"先理论，后实践"的做法，使会计基础教育"课堂讲解"与"实践操作"融为一体，教、学、练、做同步化，突出了会计岗位职业技能与实践操作能力训练，使本书内容具有较强的实践性，有利于培养学生的实践能力。

本书由孔德军、沈艾林任主编，负责全书整体框架设计、组织写作和全书的总纂。赵燕、李英、李坤、张露参与编写。具体分工为：第一部分由沈艾林、李坤、李英、张露编写，第二部分由孔德军、赵燕编写。在本书编写过程中，我们得到了张远录教授的悉心指导和许多实务工作者的热情帮助，同时还参阅了国内外同行的有关论著，在此一并表示诚挚的谢意。

为方便教学，本书配有练习及实训答案，凡选用本书作为教材的教师请登录 www.cmpedu.com，注册为会员后可免费下载，咨询电话：010-88379757，服务 QQ：945379158。

尽管我们在本书编写过程中做出了许多努力，但仍有不足之处，敬请读者在使用本书的过程中给予关注。如读者在使用本书的过程中有其他意见与建议，恳请各位提出宝贵意见，以便我们进一步修订完善。

编　者

目　　录

第一部分

会计基础知识练习

练习一　总　　论

一、单项选择题

1. 会计的本质是（　　）。
   - A. 反映与分析
   - B. 核算与监督
   - C. 一种管理活动
   - D. 记账、算账、报账

2. 会计是以（　　）为主要计量单位。
   - A. 实物
   - B. 货币
   - C. 劳动量
   - D. 价格

3. （　　）是会计的基本职能。
   - A. 会计核算与会计预测
   - B. 会计核算与会计监督
   - C. 会计分析与会计检查
   - D. 会计决算和会计预算

4. 会计以货币为主要计量单位，通过确认、记录、计算、报告等环节，对特定主体的经济活动进行记账、算账、报账，为各有关方面提供会计信息的功能称为（　　）。
   - A. 会计核算职能
   - B. 会计监督职能
   - C. 会计控制职能
   - D. 会计预测职能

5. 会计人员在进行会计核算的同时，对特定主体经济活动的合法性、合理性进行审查称为（　　）。
   - A. 会计控制职能
   - B. 会计核算职能
   - C. 会计监督职能
   - D. 会计分析职能

6. 在社会主义市场经济条件下，会计的对象是社会再生产过程中（　　）。
   - A. 全部经济活动
   - B. 商品运动
   - C. 主要以货币表现的经济活动
   - D. 财产物资运动

7. 会计核算和监督的内容是特定主体的（　　）。
   - A. 经济活动
   - B. 实物运动
   - C. 资金运动
   - D. 经济资源

8. 会计主体是指（　　）。
   - A. 企业的投资人
   - B. 企业的债权人
   - C. 会计所服务的特定单位
   - D. 管理当局

9. 划分会计期间的前提是（　　）。
   - A. 会计主体
   - B. 会计分期
   - C. 持续经营
   - D. 货币计量

10. 会计主体从（　　）上对会计核算范围进行了有效的界定。
    - A. 空间
    - B. 时间
    - C. 空间和时间
    - D. 内容

11. （　　）作为会计核算的基本前提，就是将一个会计主体持续经营的生产经营活动划分为若干个相等的会计期间。
    - A. 会计分期
    - B. 会计主体
    - C. 会计年度
    - D. 持续经营

12. 企业资产以历史成本计价而不以现行成本或清算价格计价，依据的会计核算前提是（　　）。

A．会计主体　　　　B．持续经营　　　　C．会计分期　　　　D．货币计量

13．会计核算上所使用的一系列会计原则和方法如历史成本原则等，都是建立在（　　　）基础上的。

  A．会计主体前提　　　　　　　　B．持续经营前提

  C．会计分期前提　　　　　　　　D．货币计量前提

14．在我国会计期间分为年度、半年度、季度和月度，它们均按（　　　）确定。

  A．公历起讫日期　　　　　　　　B．农历起讫日期

  C．7月制起讫日期　　　　　　　 D．4月制起讫日期

15．在可预见的未来，会计主体不会破产清算，所持有的资产将正常营运，所负有的债务将正常偿还，这属于（　　　）。

  A．会计主体假设　　　　　　　　B．持续经营假设

  C．会计分期假设　　　　　　　　D．货币计量假设

16．企业提供的会计信息应当反映与企业财务状况、经营成果和现金流量有关的所有重要交易或者事项，体现了会计信息质量的（　　　）原则。

  A．重要性　　　　B．谨慎性　　　　C．可比性　　　　D．及时性

17．下列（　　　）不属于会计核算的内容。

  A．赊购机器设备　　　　　　　　B．赊销货物

  C．制订下年度管理费用开支计划　　D．结转完工产品成本

18．按照现行制度规定，企业确认收入与费用的原则是（　　　）。

  A．收付实现制　　B．实地盘存制　　C．权责发生制　　D．永续盘存制

19．对应收账款计提坏账准备，遵循的会计原则是（　　　）。

  A．历史成本原则　　　　　　　　B．收付实现制原则

  C．谨慎性原则　　　　　　　　　D．配比原则

20．企业提供的会计信息应当清晰明了，便于财务会计报告使用者理解和使用，体现了（　　　）。

  A．可比性原则　　B．重要性原则　　C．可理解性原则　　D．可靠性原则

21．复式记账法的问世，标志着（　　　）。

  A．现代会计的开端　　　　　　　B．近代会计的开端

  C．会计成为一种独立的职能　　　　D．会计学科的不断完善

22．会计期间发生的一切经济业务，都要依次经过的基本核算环节是（　　　）。

  A．设置会计科目、成本计算、复式记账

  B．复式记账、财产清查、编制会计报表

  C．填制、审核凭证，复式记账，编制会计报表

  D．填制、审核凭证，登记账簿，编制会计报表

23．企业将融资租入固定资产视同自有固定资产核算，所体现的会计核算的一般原则是（　　　）。

  A．客观性原则　　　　　　　　　B．一致性原则

  C．可比性原则　　　　　　　　　D．实质重于形式原则

24．如果某一经济业务有多种处理方法可供选择时，应采取不导致夸大资产、虚增利润的方法，是（　　）。

　　A．客观性原则的要求　　　　　　　　B．有用性原则的要求

　　C．配比原则的要求　　　　　　　　　　D．谨慎性原则的要求

25．企业提供的会计信息应当与财务会计报告使用者做出经济决策相关联，体现的会计信息质量原则是（　　）。

　　A．客观性　　　　B．一致性　　　　C．相关性　　　　D．及时性

26．企业各项财产物资的账面价值在物价上涨时不得随意变更，是遵循了（　　）。

　　A．谨慎性原则　　B．一贯性原则　　C．可比性原则　　D．历史成本原则

27．某单位 6 月份预付第三季度财产保险费 2 000 元，支付本季度借款利息 3 900 元（其中 5 月份 1 300 元，4 月份 1 300 元），用银行存款支付本月广告费 30 000 元。根据收付实现制，该单位 6 月份确认的费用为（　　）。

　　A．32 000 元　　B．31 300 元　　C．33 900 元　　D．35 900 元

28．下列不属于资金退出的是（　　）。

　　A．偿还各项债务　　　　　　　　　　B．支付职工工资

　　C．上缴各项税金　　　　　　　　　　D．向所有者分配利润

29．下列经济业务事项，既属于财物的收发、增减和使用，又属于收入、支出、费用和成本的计算的是（　　）。

　　A．期末所得税的计算　　　　　　　　B．支付职工工资和奖金

　　C．生产车间和管理部门领用材料　　　D．购买原材料，款项尚未支付

30．下列有关会计方面的表述中，不正确的是（　　）。

　　A．经济越发展，会计越重要

　　B．会计按其报告对象不同，可分为财务会计与管理会计

　　C．会计就是记账、算账和报账

　　D．会计是以货币为主要计量单位，反映和监督一个单位经济活动的一种经济管理活动

二、多项选择题

1．下列各项目中，属于会计职能的有（　　）。

　　A．会计预测　　　B．会计决策　　　C．会计核算　　　D．会计监督

2．会计期间可以分为（　　）。

　　A．月度　　　　　B．季度　　　　　C．年度　　　　　D．半年度

3．会计监督职能是指会计人员在进行会计核算的同时，对经济活动的（　　）进行审查。

　　A．合法性　　　　B．合理性　　　　C．时效性　　　　D．盈利性

4．下列各项目中，（　　）属于会计核算的方法。

　　A．会计分析　　　B．成本计算　　　C．财产清查　　　D．复式记账

5．按会计要素划分，下列（　　）属于企业资产要素的内容。

A．长期待摊费用　　B．应付利息　　　　C．预付账款　　　　D．管理费用

　6．会计假设（会计核算的基本前提）是一项不需要证明而可以接受的会计核算的前提条件，其主要假设有（　　　）。

　　A．持续经营　　　　B．会计主体　　　C．会计分期　　　　D．货币计量

　7．按照权责发生制原则的要求，下列经济业务中应计入本期收入或费用的有（　　　）。

　　A．预收货款，存入银行　　　　　　　B．发出产品，货款原已预收

　　C．摊销固定资产修理费　　　　　　　D．预提短期借款利息

　8．下列会计处理的选择，符合谨慎性原则的是（　　　）。

　　A．发出存货，在物价上涨时期采用先进先出法计价

　　B．对仓库积压多年的存货计提存货跌价准备

　　C．应收账款计提坏账准备

　　D．采用直线法计提固定资产折旧

　9．相关性原则是指会计核算提供的信息，应当（　　　）。

　　A．满足企业加强内部经营管理的需要

　　B．符合国家宏观经济管理的要求

　　C．满足企业投资者、债权人了解企业财务状况和经营成果的需要

　　D．满足企业投资者、债权人了解企业成本费用情况的需要

　10．会计核算的专门方法，包括（　　　）。

　　A．设置账户和复式记账　　　　　　　B．填制和审核凭证

　　C．登记账簿和成本计算　　　　　　　D．财产清查和编制财务会计报告

　11．会计核算职能是指会计以货币为主要计量单位，通过（　　　）等环节，对特定主体的经济活动进行记账、算账、报账。

　　A．确认　　　　　B．记录　　　　C．计算　　　　D．报告

　12．下列说法正确的是（　　　）。

　　A．会计核算过程中采用货币为主要计量单位

　　B．我国企业的会计核算只能以人民币为记账本位币

　　C．业务收支以外币为主的单位可以选择某种外币为记账本位币

　　D．在境外设立的中国企业向国内报送的财务报告，应当折算为人民币

　13．下列各项活动中，属于企业资金退出的有（　　　）。

　　A．偿还各种债务　　　　　　　　　　B．缴纳各种税费

　　C．发放工资、薪金　　　　　　　　　D．向所有者分配利润

　14．根据权责发生制原则，应计入本期的收入和费用的有（　　　）。

　　A．前期提供劳务未收款，本期收款

　　B．本期销售商品一批，尚未收款

　　C．本期耗用的水电费，尚未支付

　　D．预付下一年的报刊费

　15．下列属于会计核算具体内容的有（　　　）。

　　A．款项和有价证券的收付、资本的增减

　　B．财物的收发、增减和使用

C．债权债务的发生和结算、财务成果的计算和处理

  D．收入、支出、费用、成本的计算

16．会计核算的内容是指特定主体的资金活动，包括（　　　　）等阶段。

  A．资金的投入   B．资金的循环与周转

  C．资金的储存   D．资金的退出

17．下列关于会计监督的说法正确的有（　　　　）。

  A．只是对特定主体的经济活动的真实性、合法性进行审查

  B．主要通过价值指标来进行

  C．包括事前监督和事中监督，不包括事后监督

  D．是会计核算质量的保障

18．会计方法是反映和监督会计对象，完成会计凭证的手段，是从事会计工作所使用的各种技术方法，一般包括（　　　　）。

  A．会计核算方法   B．会计分析方法

  C．会计检查方法   D．会计决策方法

三、判断题

1．会计是指以货币为主要计量单位，反映和监督一个单位经济活动的经济管理工作。（　　　）

2．会计主体不一定是法律主体，而法律主体一般是会计主体。（　　　）

3．会计主体是指企业法人。（　　　）

4．会计的监督职能是会计人员在进行会计核算的同时，对特定会计主体经济活动的合法性、合理性进行审查。（　　　）

5．法律主体不一定是会计主体，而会计主体一般是法律主体。（　　　）

6．会计的职能是一成不变的。（　　　）

7．会计的职能只有两个，即会计核算与会计监督。（　　　）

8．会计主体假设为会计核算规定了时间范围。（　　　）

9．我国企业会计采用的计量单位只有一种，即货币计量。（　　　）

10．会计核算和监督的内容就是指企业发生的所有的经济活动。（　　　）

11．在实际工作中，会计核算的七种专门方法并不是完全按照固定的顺序来进行的，往往可以交叉使用。（　　　）

12．谨慎性原则就是要求在会计核算中尽量低估企业的资产、负债、收益和费用。（　　　）

13．在我国境内设立的企业，会计核算都必须以人民币作为记账本位币。（　　　）

14．所有者权益是指企业投资人对企业资产的所有权。（　　　）

15．凡是特定主体能够以货币表现的经济活动都是会计对象。（　　　）

16．某一会计事项是否具有重要性，很大程度上取决于会计人员的职业判断。所以对于同一会计事项，在某一企业具有重要性，在另一企业则不一定具有重要性。（　　　）

17．谨慎性原则要求不仅要核算可能发生的收入，也要核算可能发生的费用和损失，

以对未来的风险进行充分估计。 （　　）

18．明确会计主体的作用在于界定不同会计主体会计核算的空间范围。 （　　）

19．会计核算上所使用的一系列会计原则和会计处理方法都是建立在会计主体持续经营前提的基础上的。 （　　）

20．我国企业的会计期间按年度划分，以公历年度为一个会计年度，即从每年1月1日至12月31日为一个会计年度。这主要是考虑我国的计划年度和财政年度采用的是公历年度并符合一般的会计习惯。 （　　）

21．谨慎性原则是指对于具有估计性质的会计事项应当谨慎从事，应当合理预计可能发生的损失和费用，但不预计或少预计可能带来的收益，因此，可以低估收入，高估成本。
（　　）

22．会计要素中既有反映财务状况的要素，又有反映经营成果的要素。 （　　）

23．会计主体是进行会计核算的基本前提之一，一个企业可以根据具体情况确定一个或若干个会计主体。 （　　）

24．实质重于形式原则是指企业应当按照交易或事项的经济实质进行会计核算，而不能以其法律形式作为会计核算的依据。 （　　）

25．企业于每个月25日结账，并不违背可比性、一致性和及时性原则。 （　　）

26．一个法律主体可能是一个会计主体，也可能包含有几个会计主体。 （　　）

四、实务题

1．某公司6月份发生以下几项业务：

（1）销售商品一批，总售价76000元，货款已收讫；该批商品成本为65000元。

（2）预收货款24000元，存入银行，商品将在下月交付。

（3）以银行存款预付下季度仓库租金10800元。

（4）销售商品一批，总售价84000元，货物已发出，发票已开具，销货合同约定货款将于下月结算；该批商品成本为70000元。

（5）以银行存款支付本月水电费3000元。

（6）以银行存款支付本年第二季度短期借款利息12000元。

（7）当年3月份已预付本年第二季度的财产保险费6000元。

要求：分别采用权责发生制和收付实现制计算该公司6月份净损益。

2．某企业3月份发生以下经济业务：

（1）销售产品60000元，货款已收到并存入银行。

（2）收到某单位归还上月所欠货款35000元，存入银行。

（3）销售产品20000元，本月未收到货款。

（4）收到A单位预付货款25000元，存入银行。

（5）预付第二季度财产保险费1800元。

（6）支付本季度借款利息共3200元（1月份1000元，2月份1000元）。

（7）用银行存款支付本月广告费30000元。

要求：分别采用权责发生制和收付实现制计算该企业3月份的收入和费用。

练习二　会计要素与会计等式

一、单项选择题

1. 在企业六大会计要素中，（　　）是最基本的会计要素。
   A. 利润　　　　　　B. 所有者权益　　　C. 资产　　　　　　D. 负债
2. 广义的权益一般包括（　　）。
   A. 资产和所有者权益　　　　　　　　B. 债权人权益和所有者权益
   C. 所有者权益　　　　　　　　　　　D. 资产和债权人权益
3. 下列属于资产项目的是（　　）。
   A. 原材料　　　　B. 预收账款　　　　C. 实收资本　　　　D. 资本公积
4. 下列（　　）属于企业的流动资产。
   A. 存货　　　　　B. 厂房　　　　　　C. 机器设备　　　　D. 专利权
5. 从特定企业看，下列各项目中，属于流动负债的是（　　）。
   A. 生产设备
   B. 现金
   C. 欠银行的贷款 40 万元，将于 3 年后偿还
   D. 欠银行的贷款 10 万元，将于 6 个月后偿还
6. 企业在日常活动中形成的、会导致所有者权益增加的、与所有者投入资本无关的经济利益的总流入称为（　　）。
   A. 资产　　　　　B. 利得　　　　　　C. 收入　　　　　　D. 利润
7. 由企业非日常活动所发生的、会导致所有者权益减少的、与向所有者分配利润无关的经济利益的流出称为（　　）。
   A. 费用　　　　　B. 损失　　　　　　C. 负债　　　　　　D. 所有者权益
8. 下列各项中，不属于收入要素内容的是（　　）。
   A. 销售商品取得的收入　　　　　　　B. 提供劳务取得的收入
   C. 出租固定资产取得的收入　　　　　D. 营业外收入
9. 下列各项中，不属于费用要素内容的是（　　）。
   A. 销售费用　　　B. 管理费用　　　　C. 财务费用　　　　D. 预付账款
10. 我国会计要素中的收入是指（　　）。
    A. 主营业务收入　　　　　　　　　　B. 营业收入
    C. 营业收入＋投资收益　　　　　　　D. 营业收入＋投资收益＋营业外收入
11. 下列项目中，属于无形资产的是（　　）。
    A. 应收账款　　　　　　　　　　　　B. 商标权
    C. 开办费　　　　　　　　　　　　　D. 租入固定资产的改良支出

12. 下列项目中，属于所有者权益的是（　　　）。
    A．长期借款　　　B．银行存款　　　C．预收账款　　　D．实收资本
13. （　　　）是会计核算方法体系中的中心环节。
    A．填制和审核会计凭证　　　　　　　B．复式记账
    C．登记账簿　　　　　　　　　　　　D．编制会计报表
14. 下列会计科目中，属于企业损益类的是（　　　）。
    A．盈余公积　　　B．固定资产　　　C．制造费用　　　D．财务费用
15. （　　　）是对会计要素的具体内容进行分类核算的项目。
    A．会计对象　　　B．会计科目　　　C．会计账户　　　D．明细分类账
16. 下列应确认为资产的是（　　　）。
    A．长期闲置且不再具有使用和转让价值的厂房
    B．已超过保质期的食品
    C．自然使用寿命已满但仍在使用的设备
    D．已签订合同拟于下月购进的材料
17. 流动资产是指变现或耗用期限在（　　　）的资产。
    A．一年以内
    B．一个营业周期以内
    C．一年内或超过一年的一个营业周期以内
    D．超过一年的一个营业周期内
18. 下列不属于反映企业财务状况的会计要素是（　　　）。
    A．资产　　　B．负债　　　C．所有者权益　　　D．利润
19. 下列关于会计要素的表述中，不正确的是（　　　）。
    A．会计要素用于反映企业财务成果和经营状况
    B．会计要素包括资产、负债、所有者权益、收入、费用和利润
    C．资产、负债和所有者权益称为动态会计要素
    D．利润要素的确认主要依赖于收入和费用
20. 根据我国会计准则的规定，企业在对会计要素进行计量时，一般采用（　　　），采用其他计量属性的，应当保证所确定的会计要素的金额能够取得并可靠地计量。
    A．历史成本　　　B．重置成本　　　C．公允价值　　　D．现值

二、多项选择题

1. 下列项目中，属于负债要素特点的有（　　　）。
   A．负债是由现在的交易或事项所引起的偿债义务
   B．负债是由过去的交易或事项所形成的现时义务
   C．负债是由将来的交易或事项所引起的偿债义务
   D．负债将会导致经济利益流出企业
2. 下列项目中，属于费用要素特点的有（　　　）。
   A．企业在日常活动中发生的经济利益的总流出

B．会导致所有者权益减少

    C．与向所有者分配利润无关

    D．会导致所有者权益增加

3．下列属于所有者权益的有（　　　　　）。

    A．实收资本　　　　B．应收账款　　　　C．资本公积　　　　D．留存收益

4．下列属于资产的有（　　　　）。

    A．无形资产　　　　B．材料采购　　　　C．预收账款　　　　D．预付账款

5．下列属于负债的有（　　　　）。

    A．短期借款　　　　B．预收账款　　　　C．预付账款　　　　D．应交税费

6．下列（　　）可以作为会计主体。

    A．学校　　　　　　　　　　　　　B．集团公司

    C．某集团公司的分公司　　　　　　D．个体户

7．下列项目中，可以作为一个会计主体进行核算的有（　　　　）。

    A．母公司　　　　　　　　　　　　B．分公司

    C．母公司和子公司组成的企业集团　D．销售部门

8．下列项目中，属于资产要素特点的有（　　　　）。

    A．必须是经济资源　　　　　　　　B．必须是有形的

    C．必须能给企业带来未来经济利益　D．必须是企业拥有或控制的

9．下列项目中，属于非流动资产的有（　　　　）。

    A．固定资产　　　　　　　　　　　B．长期股权投资

    C．无形资产　　　　　　　　　　　D．存货

10．下列项目中，属于会计核算的基本前提的有（　　　　）。

    A．会计主体　　　　B．持续经营　　　　C．会计分期　　　　D．货币计量

11．下列项目中属于非流动负债的有（　　　　）。

    A．长期应付款　　　B．长期借款　　　　C．其他应付款　　　D．应付债券

12．下列各项中，属于流动资产的有（　　　　）。

    A．专利权　　　　　B．低值易耗品　　　C．预付账款　　　　D．包装物

13．下列项目中，属于所有者权益的有（　　　　）。

    A．实收资本　　　　B．盈余公积　　　　C．资本公积　　　　D．未分配利润

14．企业取得的下列款项中，符合"收入"会计要素定义的有（　　　　）。

    A．出租固定资产收取的租金　　　　B．出售固定资产收取的价款

    C．出售原材料收取的价款　　　　　D．出售自制半成品收取的价款

15．下列属于反映企业财务状况的静态要素的是（　　　　）。

    A．资产　　　　　　B．负债　　　　　　C．利润　　　　　　D．所有者权益

16．下列属于反映企业经营成果的动态要素的是（　　　　）。

    A．收入　　　　　　B．费用　　　　　　C．利润　　　　　　D．负债

17．下列关于资产的论断正确的有（　　　　）。

    A．资产必须是企业拥有或者控制的

B．资产必须是过去的交易或事项形成的

C．资产必须是能给企业带来经济利益的经济资源

D．资产包括有形资产和无形资产

18．下列项目中，属于企业所有者权益的有（　　　　）。

A．实收资本　　　　B．未分配利润　　　C．长期投资　　　　D．应付股利

19．下列各项中，属于流动负债的有（　　　　）。

A．预收账款　　　　B．预付账款　　　　C．应交税费　　　　D．应付债券

20．下列（　　　　）属于企业的流动资产。

A．现金　　　　　　　　　　　　　　　　B．交易性金融资产

C．存货　　　　　　　　　　　　　　　　D．房屋建筑物

三、不定项选择题

1．下列选项中关于资产的叙述不正确的是（　　　　）。

A．是过去的交易或事项形成的　　　　　B．由企业拥有或控制

C．预期会给企业带来经济利益　　　　　D．必须能为企业带来经济利益的流入

2．收入是日常活动中发生的，它可以表现为（　　　　）。

A．资产的减少或负债的增加　　　　　　B．资产的增加或负债的减少

C．所有者权益的增加或负债的减少　　　D．所有者权益的增加或资产的增加

3．下列各项中，企业不能确认为资产的有（　　　　）。

A．已经收到发票，但尚未到达企业的原材料

B．经营租入的设备

C．经营租出的设备

D．预付的购货款

4．下列各项工作以会计等式为理论基础的是（　　　　）。

A．复式记账　　　　B．成本计算　　　　C．编制资产负债表　　D．试算平衡

5．某企业6月份销售甲产品一批，取得商业承兑汇票一张，价款10 000元，销售乙产品一批，取得转账支票一张，价款5 000元，收到5月份欠货款5 000元，按收付实现制确定该企业6月份销售收入为（　　　　）元。

A．20 000　　　　　B．15 000　　　　　C．10 000　　　　　D．5 000

6．以下应作为债权处理的项目是（　　　　）。

A．其他应收款　　　B．预收账款　　　　C．应付账款　　　　D．应交税费

7．下列资产项目与权益项目之间的变动符合资金运动规律的有（　　　　）。

A．资产某项目增加与权益某项目减少

B．资产某项目减少与权益某项目增加

C．资产方内部项目之间此增彼减

D．权益方内部项目之间此增彼减

8．所有者权益是企业投资者对企业净资产的所有权，在数量上等于（　　　　）。

A．全部资产减去流动负债　　　　　　　B．企业的新增利润

C．全部资产减去全部负债   D．全部资产加上全部负债

9. 下列经济活动中引起资产和负债同时增加的是（   ）。

  A．用银行存款偿还长期负债 B．购买材料，货款尚未支付

  C．预收销货款   D．向银行借入短期借款，存入银行

10. 某公司的所有者权益为 10 万元，即（   ）。

  A．该公司的投入资本为 10 万元 B．该公司的资产总额为 10 万元

  C．该公司的权益总额为 10 万元 D．该公司的净资产总额为 10 万元

11. 下列经济活动中引起资产之间彼此增减的是（   ）。

  A．用现金支付职工工资   B．收到应收账款，存入银行

  C．完工产品入库   D．领用生产材料

12. 在下列各项业务中，不影响资产总额的有（   ）。

  A．用银行存款购入原材料   B．从银行提取现金

  C．用银行存款购入 A 公司股票 D．用银行存款预付材料定金

13. "资产＝负债＋所有者权益" 会计恒等式是（   ）。

  A．设置账户的理论依据   B．复式记账的理论依据

  C．反映企业资产归属关系的等式 D．编制资产负债表的理论依据

14. 会计核算应用的主要计量单位是（   ）。

  A．时间量度 B．劳动量度 C．实物量度 D．货币量度

15. 能引起所有者权益总额增加的是（   ）。

  A．本年度实现净利润   B．接受外商捐赠设备一台

  C．用资本公积转增资本   D．本年度有新的投资者投入资本

16. 下列各项中，不会引起所有者权益总额变动的有（   ）。

  A．用资本公积转增资本   B．本年发生亏损

  C．用盈余公积转增资本   D．本年实现净利润

17. 下列各项中，会引起企业资产增加的是（   ）。

  A．盈余公积转增资本   B．企业借入的资金

  C．资本公积转增实收资本   D．企业接受捐赠

四、判断题

1. 未来交易或事项可能产生的结果可以确认为企业的资产。   （ ）

2. 资产包括固定资产和流动资产两部分。   （ ）

3. 企业实现的利润或发生的亏损，都属于企业的财务成果。   （ ）

4. 会计要素是会计报表构成的基本单位。   （ ）

5. 资产是指企业现时的交易或者事项形成的，由企业拥有或者控制的，预期会给企业带来经济利益的资源。   （ ）

6. 企业的利得和损失包括直接计入所有者权益的利得和损失以及直接计入当期利润的利得和损失。   （ ）

7. 对于某一项财产，要成为企业的资产，其所有权必须属于企业。 （ ）

8．某项财产要成为企业的资产，只要该企业拥有其所有权就能将其确认为资产。

（　　）

9．企业如果在一定期间内发生了亏损，必将导致该企业的所有者权益减少。　（　　）

10．流动负债是指需要在一年或超过一年的一个营业周期内偿还的债务。　（　　）

11．按照我国的会计准则，负债不仅指现实已经存在的债务责任，还包括某些将来可能发生的、偶然事项形成的债务责任。　（　　）

12．资产定义中强调的"过去的交易、事项形成"是指资产负债表日及以前的交易、事项。　（　　）

13．库存中已失效或已毁损的商品，由于企业对其拥有所有权并且能够实际控制，因此应该作为本企业的资产。　（　　）

14．所有者权益和负债的区别包括：两者的对象不同、两者体现的经济关系不同、两者的偿还期限不同、两者承担的风险不同。　（　　）

15．事业单位会计要素分为资产、负债、利润、收入和支付。　（　　）

练习三　账户与复式记账

一、单项选择题

1. 最基本的会计等式是（　　　）。
   A. 资产＝负债＋所有者权益
   B. 期初余额＋本期增加额－本期减少额＝期末余额
   C. 收入－费用＝利润
   D. 资产＝负债＋所有者权益＋（收入－费用）
2. 目前我国采用的复式记账法主要是（　　　）。
   A. 收付记账法　　　B. 借贷记账法　　　C. 增减记账法　　　D. 来去记账法
3. 在借贷记账法下，账户的借方用来登记（　　　）。
   A. 资产的增加或权益的减少　　　　　B. 资产的减少或权益的增加
   C. 资产的增加或权益的增加　　　　　D. 资产的减少或权益的减少
4. 一个账户的增加方发生额与该账户的期末余额一般都应在该账户的（　　　）。
   A. 借方　　　　　　　B. 贷方　　　　　　　C. 相同方向　　　　　D. 相反方向
5. 下列肯定会引起所有者权益总额增加的情况是（　　　）。
   A. 资产与负债同增　　　　　　　　　B. 资产与负债同减
   C. 资产增加、负债减少　　　　　　　D. 资产减少、负债增加
6. 在借贷记账法下，账户的贷方用来登记（　　　）。
   A. 收入的增加或费用（成本）的增加　　B. 收入的增加或费用（成本）的减少
   C. 收入的减少或费用（成本）的增加　　D. 收入的减少或费用（成本）的减少
7. 权益类账户的余额一般在（　　　）。
   A. 借方　　　　　　　B. 贷方　　　　　　　C. 无余额　　　　　　D. 借方或贷方
8. 收入类账户的余额一般在（　　　）。
   A. 借方　　　　　　　B. 贷方　　　　　　　C. 无余额　　　　　　D. 借方或贷方
9. 所有者权益在数量上等于（　　　）。
   A. 全部资产减去全部负债后的净额　　B. 所有者的投资
   C. 实收资本与资本公积之和　　　　　D. 实收资本与未分配利润之和
10. 一个企业的资产总额与权益总额（　　　）。
    A. 必然相等　　　　　　　　　　　　B. 有时相等
    C. 不会相等　　　　　　　　　　　　D. 只有在期末时相等
11. 按现行会计制度规定，下列项目中属于会计科目的是（　　　）。
    A. 应付购货款　　　　　　　　　　　B. 投入资本
    C. 现金　　　　　　　　　　　　　　D. 利润分配

12．某企业本期期初资产总额为 100 000 元，本期期末负债总额比期初减少 10 000 元，所有者权益比期初增加 30 000 元。该企业期末资产总额是（　　）元。

    A．90 000　　　　　B．100 000　　　　　C．120 000　　　　　D．130 000

13．一项资产增加、一项负债增加的经济业务发生后，都会使资产与权益原来的总额（　　）。

    A．发生同增的变动　　　　　　　　B．发生同减的变动
    C．不会变动　　　　　　　　　　　D．发生不等额变动

14．借贷记账法余额试算平衡的依据是（　　）。

    A．借贷记账法记账规则　　　　　　B．借贷记账法账户结构
    C．会计恒等式　　　　　　　　　　D．利润确定的基本等式

15．下列引起资产和负债同时减少的经济业务是（　　）。

    A．从银行提取现金　　　　　　　　B．赊购材料一批
    C．用银行存款偿还银行借款　　　　D．通过银行收到应收账款

16．下列经济业务会引起资产类项目和负债类项目同时增加的是（　　）。

    A．从银行提取现金　　　　　　　　B．用银行存款归还企业的银行短期借款
    C．赊购原材料　　　　　　　　　　D．接受投资者投入的现金资产

17．下列各观点中，正确的是（　　）。

    A．从某个企业看，其全部借方账户与全部贷方账户之间互为对应账户
    B．从某个会计分录看，其借方账户与贷方账户之间互为对应账户
    C．试算平衡的目的是验证企业的全部账户的借贷方金额合计是否相等
    D．不能编制多借多贷的会计分录

18．某企业月初权益总额为 80 万元，假定本月仅发生一笔以银行存款 10 万元偿还银行借款的经济业务，则该企业月末资产总额为（　　）万元。

    A．80　　　　　　　B．90　　　　　　　C．100　　　　　　D．70

19．经济业务发生仅涉及资产这一要素时，则必然引起该要素中某些项目发生（　　）。

    A．同增变动　　　B．同减变动　　　C．一增一减变动　　　D．不变动

20．下列经济业务引起资产类项目和负债类项目同时增加的是（　　），同时减少的是（　　）。

    A．用银行存款购买原材料　　　　　B．借入短期借款存入银行
    C．用银行存款支付购买原材料货款　D．把现金存入银行

21．在借贷记账法下，资产类账户的期末余额等于（　　）。

    A．期初余额 + 借方发生额 − 贷方发生额
    B．期初余额 + 借方发生额 + 贷方发生额
    C．期初余额 − 借方发生额 + 贷方发生额
    D．期初余额 − 借方发生额 − 贷方发生额

22．A 公司月初短期借款余额为 80 万元，本月份向银行借入 5 个月的借款 20 万元，归还到期的短期借款 60 万元，则本月末短期借款的余额为（　　）。

    A．借方 40 万元　B．贷方 40 万元　C．借方 120 万元　　D．贷方 120 万元

23．在借贷记账法下，"原材料"账户的余额（　　）。

A．只能在借方　　　　　　　　　B．只能在贷方

C．既可能在借方也可能在贷方　　D．肯定为零

24．如果某项经济业务只引起资产类内部项目或负债类内部项目之间增减变动的，其结果是（　　）。

A．不影响资产或负债总额　　　　B．使资产或负债总额发生等额变动

C．只影响资产总额变动　　　　　D．只影响负债总额变动

25．某公司期初资产总额为 200 000 元，当期期末负债总额比期初减少 20 000 元，期末所有者权益比期初增加 60 000 元，则该企业期末资产总额为（　　）元。

A．180 000　　　B．200 000　　　C．240 000　　　D．260 000

26．下列会引起所有者权益项目有增有减的经济业务是（　　）。

A．以短期借款直接偿还应付账款　　B．以银行存款支付投资者的利润

C．接受捐赠的固定资产　　　　　　D．经批准将盈余公积转增资本

27．当一笔经济业务只涉及负债要素发生增减变化时，会计等式两边的金额（　　）。

A．同增　　　　　　　　　　　B．同减

C．不变　　　　　　　　　　　D．一方增加，一方减少

28．某公司资产总额为 60 000 元，负债总额为 30 000 元，以银行存款 20 000 元还短期借款，并以银行存款 15 000 元购买设备，则上述业务入账后该公司的资产总额为（　　）元。

A．30 000　　　B．40 000　　　C．25 000　　　D．15 000

29．某账户的期初余额为 500 元，期末余额为 3 000 元，本期减少发生额为 800 元，则本期增加发生额为（　　）元。

A．4 300　　　B．2 200　　　C．1 700　　　D．3 300

30．记账之后，在月末结账之前，会计等式的表现形式为（　　）。

A．资产 = 负债 + 所有者权益　　　　B．资产 = 负债 + 所有者权益 +（收入 − 费用）

C．资产 = 负债 + 所有者权益 + 利润　D．资产 − 负债 = 所有者权益

31．下列各项经济业务中，不影响企业资产总额变动的业务是（　　）。

A．从其他企业赊购材料　　　　　B．收到客户所欠货款直接存入银行

C．收到法人单位投资直接存入银行　D．从银行借入短期借款

32．M 公司月初资产总额为 100 万元，本月发生下列业务：①以银行存款 10 万元购买原材料；②向银行借款 60 万元，款项存入银行；③以银行存款归还前欠货款 30 万元；④收回应收账款 20 万元，款项已存入银行。则月末该公司资产总额为（　　）万元。

A．130　　　B．160　　　C．100　　　D．110

33．下列会计分录形式中，属于简单会计分录的是（　　）。

A．一借一贷　　B．一借多贷　　C．一贷多借　　D．多借多贷

34．复式记账法是以（　　）为记账基础的一种记账方法。

A．会计科目　　　　　　　　　　B．资产和权益平衡关系

C．经济业务　　　　　　　　　　D．试算平衡

35．如果某一账户的左方登记增加，右方登记减少，期初余额在左方，而期末余额在右方，则表明（　　）。

A．本期增加发生额超过本期减少发生额的差额小于期初余额

B．本期增加发生额超过本期减少发生额的差额大于期初余额

C．本期增加发生额低于本期减少发生额的差额小于期初余额

D．本期增加发生额低于本期减少发生额的差额大于期初余额

36．甲公司月末编制的试算平衡表中，全部账户的本月贷方发生额合计为 120 万元，除银行存款外的本月借方发生额合计为 104 万元，则银行存款账户（　　　）。

A．本月借方余额为 16 万元　　　　　　B．本月贷方余额为 16 万元

C．本月贷方发生额为 16 万元　　　　　D．本月借方发生额为 16 万元

37．根据资产与权益的恒等关系以及借贷记账法的记账规则，检查所有账户记录是否正确的过程称为（　　　）。

A．复式记账　　　B．对账　　　C．试算平衡　　　D．查账

38．某企业"预收账款"账户期末贷方余额为 150 000 元，本期共增加 130 000 元，减少 140 000 元，则该账户的期初余额为（　　　）。

A．借方 140 000 元　　　　　　B．贷方 160 000 元

C．借方 160 000 元　　　　　　D．贷方 140 000 元

39．对某项经济业务事项标明应借应贷账户及其金额的记录称为（　　　）。

A．对应关系　　　B．会计分录　　　C．对应账户　　　D．试算平衡

40．对所发生的每项经济业务事项都要以会计凭证为依据，一方面记入有关总分类账户，另一方面记入有关总分类账户所属明细分类账户的方法称为（　　　）。

A．借贷记账法　　　B．试算平衡　　　C．复式记账法　　　D．平行登记

41．总分类账户与其明细分类账户的主要区别在于（　　　）。

A．记录经济业务的详细程度不同　　　B．记账的依据不同

C．记账的方向不同　　　　　　　　　D．记账的期间不同

42．具有一定格式和结构，用于分类反映会计要素增减变动的情况及其结果的载体是（　　　）。

A．账户　　　B．会计对象　　　C．会计科目　　　D．会计分录

43．"管理费用"科目按其所归属的会计要素不同，属于（　　　）类科目。

A．资产　　　B．所有者权益　　　C．成本　　　D．损益

44．下列有关总分类账户与明细分类账户关系的表述中，错误的是（　　　）。

A．总分类账户对明细分类账户具有统驭控制作用

B．总分类账户与明细分类账户登记的依据不同

C．总分类账户与其所属的明细分类账户在总金额上应当相等

D．明细分类账户对总分类账户具有补充说明作用

45．某企业原材料总分类账户的本期借方发生额为 25 000 元，贷方发生额为 24 000 元，其所属的三个明细分类账中：甲材料本期借方发生额为 8 000 元，贷方发生额为 6 000 元；乙材料借方发生额为 13 000 元，贷方发生额为 16 000 元，则丙材料的本期借贷发生额分别为（　　　）。

A．借方发生额为 12 000 元，贷方发生额为 2 000 元

B．借方发生额为 4 000 元，贷方发生额为 2 000 元

C. 借方发生额为 4 000 元，贷方发生额为 10 000 元

D. 借方发生额为 6 000 元，贷方发生额为 8 000 元

46. 损益类账户的期末余额一般（　　）。

    A. 在借方　　　　　B. 在贷方　　　　　C. 无法确定方向　　　　D. 为零

47. 期末所有损益类账户的余额均为零，表明（　　）。

    A. 当年利润一定是零

    B. 当年利润一定是正数

    C. 当年利润一定是负数

    D. 损益类账户在结账时均已转入"本年利润"账户

48. 企业用银行存款归还前欠货款，会使（　　）。

    A. 资产减少，负债增加

    B. 资产不变，负债减少

    C. 资产和负债同时减少，且净资产减少

    D. 资产和负债同时减少，但净资产不变

49. 下列（　　）不属于会计核算的内容。

    A. 赊购机器设备　　　　　　　　B. 赊销货物

    C. 签订购货合同　　　　　　　　D. 用资本公积转增实收资本

50. "生产成本"账户的期末余额应归属于（　　）类会计要素。

    A. 资产　　　　　B. 负债　　　　　C. 所有者权益　　　　D. 利润

51. 在下列经济业务中，只能引起同一个会计要素内部增减变动的业务是（　　）。

    A. 取得借款存入银行　　　　　　B. 用银行存款归还前欠货款

    C. 用银行存款购买材料　　　　　D. 赊购原材料

52. 企业销售产品一批，货款未收，这项业务引起会计恒等式中（　　）。

    A. 资产与负债同时增加　　　　　B. 资产与所有者权益同时增加

    C. 资产与收入同时增加　　　　　D. 收入与负债一增一减

53. 收到所有者投资的价值 30 万元的机器设备，使（　　）。

    A. 资产总额和所有者权益总额不变

    B. 资产总额和所有者权益总额同时减少

    C. 资产总额和所有者权益总额同时增加

    D. 资产总额和权益总额一增一减，增减金额相等

54. 企业经营亏损，最终会导致（　　）。

    A. 负债增加　　　　　　　　　　B. 负债减少

    C. 所有者权益增加　　　　　　　D. 所有者权益减少

55. 在借贷记账法中，账户的哪一方登记增加数，哪一方登记减少数，取决于（　　）。

    A. 采用什么会计核算方法

    B. 采用什么记账形式

    C. 增加的记借方，减少的记贷方的记账规则

    D. 账户所要反映的经济内容

56. 下列记账错误中，不能通过试算平衡检查发现的是（　　）。

A. 将某一账户的发生额 500 元，误写成 5 000 元

B. 漏记了某一账户的发生额

C. 将应记入"管理费用"账户的借方发生额，误记入"制造费用"账户的借方

D. 重复登记了某一账户的发生额

57. 下列关于借贷记账法的表述中，正确的是（　　）。

A. 在借贷记账法下，"借"代表增加，"贷"代表减少

B. 在借贷记账法下，资产增加记借方，负债减少记贷方

C. 在借贷记账法下，可以利用试算平衡检查出所有记账错误

D. 借贷记账法是复式记账法的一种

58. 在借贷记账法下，资产类账户的期末余额一般在（　　）。

A. 借方　　　　B. 增加方　　　　C. 贷方　　　　D. 减少方

59. 复式记账法是对发生的每一项经济业务，都要以相等的金额在（　　）中进行登记的一种记账方法。

A. 一个账户　　　　　　　　　　B. 两个账户

C. 两个或两个以上的账户　　　　D. 相互联系的两个或两个以上的账户

60. 下列（　　）记账错误，难以通过试算平衡来检查发现。

A. 串户　　　　　　　　　　B. 漏登某一账户发生额

C. 重复登记某一账户发生额　　D. 某一账户金额错记

61. 存在对应关系的账户称为（　　）。

A. 联系账户　　B. 对应账户　　C. 总分类账户　　D. 明细分类账户

62. 在借贷记账法下，所有者权益账户的期末余额等于（　　）。

A. 期初贷方余额 + 本期贷方发生额 − 本期借方发生额

B. 期初借方余额 + 本期贷方发生额 − 本期借方发生额

C. 期初借方余额 + 本期借方发生额 − 本期贷方发生额

D. 期初贷方余额 + 本期借方发生额 − 本期贷方发生额

63. 复式记账法的基本理论依据是（　　）的平衡原理。

A. 收入 − 费用 = 利润

B. 资产 = 负债 + 所有者权益

C. 期初余额 + 本期增加数 − 本期减少数 = 期末余额

D. 借方发生额 = 贷方发生额

64. 将客户归还原欠本单位的货款直接转存银行，这项经济业务除了借记"银行存款"账户外，还应贷记（　　）账户。

A. 原材料　　B. 应收账款　　C. 应付账款　　D. 其他应收款

65. 对会计要素具体内容进行总括分类、提供总括信息的会计科目称为（　　）。

A. 总分类科目　　B. 明细分类科目　　C. 二级科目　　D. 备查科目

66. 二级科目是介于（　　）之间的科目。

A. 总分类科目和明细分类科目　　B. 总账与明细账

C. 总分类科目　　　　　　　　　D. 明细分类科目

67. 下列（　　）属于资产类科目。

A．预收账款　　　B．预付账款　　　C．管理费用　　　　D．实收资本

68．下列（　　）属于所有者权益类科目。

A．应付股利　　　B．应收账款　　　C．应付账款　　　　D．实收资本

69．会计科目按其所（　　）不同，分为资产类、负债类、所有者权益类、成本类、损益类五大类。

A．反映的会计对象　　　　　　　B．反映的经济业务

C．归属的会计要素　　　　　　　D．提供信息的详细程度及其统驭关系

70．账户发生额试算平衡法是根据（　　）确定的。

A．借贷记账法的记账规则　　　　B．资产等于权益的会计等式

C．确定利润的基本公式　　　　　D．平行登记原则

71．借贷记账法的余额试算平衡公式是（　　）。

A．每个账户的借方发生额＝每个账户的贷方发生额

B．全部账户本期借方发生额合计＝全部账户本期贷方发生额合计

C．全部账户期末借方余额合计＝全部账户期末贷方余额合计

D．全部账户期末借方余额合计＝部分账户期末贷方余额合计

72．下列引起资产和负债同时减少的经济业务是（　　）。

A．将现金存入银行　　　　　　　B．购进材料一批，货款暂欠

C．以银行存款归还银行借款　　　D．收到其他单位还来前欠货款

73．下列会计分录中，属于复合会计分录的是（　　）。

A．借：制造费用　　　　　　　　　　　　　　　　10 000
　　　　管理费用　　　　　　　　　　　　　　　　 5 000
　　　　贷：累计折旧　　　　　　　　　　　　　　　　　　15 000

B．借：银行存款　　　　　　　　　　　　　　　　80 000
　　　　贷：实收资本——A公司　　　　　　　　　　　　55 000
　　　　　　　　　　——B公司　　　　　　　　　　　　25 000

C．借：管理费用——维修费　　　　　　　　　　　80 000
　　　　贷：原材料——甲材料　　　　　　　　　　　　　60 000
　　　　　　　　　——乙材料　　　　　　　　　　　　　20 000

D．借：制造费用　　　　　　　　　　　　　　　　　 500
　　　　贷：库存现金　　　　　　　　　　　　　　　　　　 500

74．资产＝负债＋所有者权益不是（　　）。

A．设置账户的理论依据

B．复式记账的理论依据

C．编制资产负债表的理论依据

D．总分类账户与明细分类账户平行登记的理论依据

75．下列引起资产内部一个项目增加，另一个项目减少，而资产总额不变的经济业务是（　　）。

A．用银行存款偿还短期借款　　　B．收到投资者投入的机器一台

C．收到外单位前欠货款　　　　　D．收到国家拨入特准储备材料

76. 某企业所有者权益总额为 6 000 万元，负债总额为 4 000 万元。那么该企业的资产总额为（　　）万元。

    A. 2 000   B. 10 000

    C. 6 000   D. 以上答案都不对

77. 下列引起资产和所有者权益同时增加的经济业务是（　　）。

    A. 收到外单位投资的设备一台   B. 从税后利润中提取盈余公积

    C. 预收购货单位货款   D. 从银行取得短期借款一项

78. 资产、负债和所有者权益是（　　）。

    A. 表示企业财务状况的会计要素   B. 表示企业经营状况的会计要素

    C. 表示企业经营成果的会计要素   D. 表示企业财务成果的会计要素

79. 编制会计分录不能出现的形式有（　　）。

    A. 一借一贷的会计分录

    B. 一借多贷或一贷多借的会计分录

    C. 同一经济业务多借多贷的会计分录

    D. 不同类型经济业务合并编制的多借多贷会计分录

80. 在实际工作中，企业会计分录一般填写在（　　）上。

    A. 原始凭证   B. 记账凭证   C. 账簿   D. 账页

81. 企业未分配利润属于（　　）。

    A. 所有者权益   B. 流动负债   C. 长期负债   D. 资本公积

82. 简单会计分录是指（　　）。

    A. 一个账户借方与几个账户贷方发生对应关系的分录

    B. 几个账户借方与一个账户贷方发生对应关系的分录

    C. 一个账户借方与另一个账户贷方发生对应关系的分录

    D. 几个账户借方与几个账户贷方发生对应关系的分录

83. 采用复式记账主要是为了（　　）。

    A. 便于登记账簿   B. 如实、完整地反映资金运动的来龙去脉

    C. 提高会计工作效率   D. 便于会计人员的分工协作

84. 下列经济业务中，影响会计等式总额发生变化的是（　　）。

    A. 以银行存款 50 000 元购买材料

    B. 结转完工产品成本 40 000 元

    C. 购买机器设备 20 000 元，货款未付

    D. 收回客户所欠的货款 30 000 元

85. 下列会计分录中，属于复合会计分录的是（　　）。

    A. 借：生产成本——A 产品   30 000

           贷：原材料——甲材料   10 000

                    ——乙材料   20 000

    B. 借：制造费用——办公费   300

                    ——邮电费   600

           贷：库存现金   900

C．借：制造费用——折旧费   2 000

     管理费用——折旧费   1 000

       贷：累计折旧   3 000

  D．借：银行存款   100 000

       贷：应收账款——A公司   40 000

          ——B公司   60 000

86．借贷记账法中"借""贷"的含义是（ ）。

  A．债权和债务 B．标明记账方向 C．增加或减少 D．收入和付出

87．下列账户中，年末一定无余额的是（ ）。

  A．"生产成本"账户   B．"营业外收入"账户

  C．"应付福利费"账户   D．"盈余公积"账户

88．某项经济业务所做的会计分录是"借：固定资产，贷：实收资本"。该项经济业务可以表述为（ ）。

  A．购入全新的不需安装的固定资产 B．出售全新的固定资产

  C．用固定资产对外投资   D．接受投资人不需安装的固定资产投资

89．资产与权益的平衡关系是指（ ）。

  A．一项资产金额与一项权益金额的相等关系

  B．几项资产金额与一项权益金额的相等关系

  C．流动资产合计金额与流动负债合计金额的相等关系

  D．资产总额与权益总额的相等关系

90．下列各项中，会引起留存收益总额发生增减变动的是（ ）。

  A．盈余公积转增资本   B．盈余公积补亏

  C．资本公积转增资本   D．用税后利润补亏

91．利润类账户的结构与所有者权益账户的结构（ ）。

  A．完全一致 B．完全相反 C．基本相同 D．并无联系

二、多项选择题

1．会计分录的三个基本构成要素是（ ）。

  A．应借应贷方向 B．应记账户名称 C．应记金额 D．填制人姓名

2．下列各项经济业务中，能引起资产和所有者权益同时增加的有（ ）。

  A．收到国家投资存入银行   B．提取盈余公积金

  C．收到外单位投入设备一台   D．将资本公积金转增资本

3．下列各项经济业务中，能引起会计等式左右两边会计要素变动的有（ ）。

  A．收到某单位前欠货款20 000元存入银行

  B．以银行存款偿还银行借款

  C．收到某单位投来机器设备一台，价值80万元

  D．以银行存款购买材料8 000元

4．下列（ ）活动不需要进行会计核算。

  A．订立经济合同   B．确定企业投资方案

C．制订财务收支计划　　　　　　　D．发放工资

5．下列错误可以通过试算平衡发现的有（　　　）。

A．应借应贷科目颠倒　　　　　　　B．借方发生额大于贷方发生额

C．重复登记某一账户发生额　　　　D．串户

6．资产与权益的恒等关系是（　　　）。

A．复式记账法的理论依据　　　　　B．编制资产负债表的依据

C．试算平衡的理论依据　　　　　　D．总账与明细账平行登记的理论依据

7．下列项目中，属于所有者权益的来源的有（　　　）。

A．所有者投入的资本　　　　　　　B．不应计入当期损益的利得或者损失

C．留存收益　　　　　　　　　　　D．收入

8．下列（　　　）经济业务会使资产和权益总额发生同时增加的变化。

A．用银行存款购入固定资产　　　　B．赊购原材料

C．向银行借入短期借款　　　　　　D．收到所有者投资转入的一批新设备

9．在借贷记账法下，账户的借方应登记（　　　）。

A．资产、费用的增加数　　　　　　B．权益、收入的减少数

C．资产、费用的减少数　　　　　　D．权益、收入的增加数

10．在借贷记账法下，账户的贷方应登记（　　　）。

A．资产、费用的增加数　　　　　　B．权益、收入的减少数

C．资产、费用的减少数　　　　　　D．权益、收入的增加数

11．下列项目中，属于借贷记账法特点的有（　　　）。

A．以"借""贷"作为记账符号

B．以"有借必有贷，借贷必相等"作为记账规则

C．记账方向由账户所反映的经济内容来决定

D．可以进行发生额试算平衡和余额试算平衡

12．下列（　　　）经济业务的发生不会使得"资产＝负债＋所有者权益"这一会计等式左右双方的总额发生变动。

A．用资本公积转增实收资本　　　　B．从银行提取现金

C．赊购固定资产　　　　　　　　　D．用银行存款归还短期借款

13．借贷记账法的试算平衡方法包括（　　　）。

A．发生额试算平衡法　　　　　　　B．增加额试算平衡法

C．减少额试算平衡法　　　　　　　D．余额试算平衡法

14．下列项目中，属于试算平衡表无法发现的错误有（　　　）。

A．用错账户名称　　　　　　　　　B．重记某项经济业务

C．漏记某项经济业务　　　　　　　D．记账方向颠倒

15．下列会计科目中，属于损益类科目的有（　　　）。

A．主营业务收入　　B．主营业务成本　　C．管理费用　　　　D．财务费用

16．一项资产减少的同时，引起另一方面变动的可能是（　　　）。

A．另一项资产增加　　　　　　　　B．负债的减少

C．权益的减少　　　　　　　　　　D．所有者权益的减少

17. 下列会计分录形式中，属于复合会计分录的有（　　　　）。

    A．一借一贷　　　　　　　　　　　　B．一借多贷

    C．一贷多借　　　　　　　　　　　　D．多借多贷

18. 下列（　　　　）属于资产类科目。

    A．交易性金融资产　　　　　　　　　B．固定资产

    C．预收账款　　　　　　　　　　　　D．实收资本

19. 下列业务中，没有使所有者权益总额发生变化的是（　　　　）。

    A．向股东分配现金股利　　　　　　　B．以资本公积转增资本金

    C．收到投资者投入资金　　　　　　　D．按净利润的 10% 提取盈余公积

20. 企业用银行存款偿还应付账款，引起（　　　　）。

    A．资产增加　　　　　　　　　　　　B．资产减少

    C．负债增加　　　　　　　　　　　　D．负债减少

21. 下列各项经济业务中，能引起资产和负债同时增加的有（　　　　）。

    A．企业赊购材料一批　　　　　　　　B．用银行存款偿还所欠货款

    C．从银行借入一笔借款存入银行账户　D．收到投资人投入的资金存入银行

22. 下列各项经济业务中，会使得企业资产总额和负债总额同时发生减少变化的有（　　　　）。

    A．用现金支付职工工资　　　　　　　B．从某企业购买材料一批，货款未付

    C．将资本公积转增资本　　　　　　　D．用银行存款偿还所欠货款

23. 在借贷记账法下，期末结账后，一般有余额的账户有（　　　　）。

    A．资产账户　　　　　　　　　　　　B．负债账户

    C．费用账户　　　　　　　　　　　　D．收入账户

24. 总分类账户发生额及余额试算平衡表中的平衡数字有（　　　　）。

    A．期初借方余额合计数和期末借方余额合计数相等

    B．期末借方余额合计数和期末贷方余额合计数相等

    C．期初借方余额合计数和期初贷方余额合计数相等

    D．本期借方发生额合计数和本期贷方发生额合计数相等

25. 下列经济业务中，涉及两个资产账户，其中一个记增加，另一个记减少的有（　　　　）。

    A．以银行存款购买原材料　　　　　　B．以银行存款归还前欠货款

    C．收到其他单位还来前欠货款　　　　D．向银行提取现金

26. 下列等式错误的有（　　　　）。

    A．期初余额 = 本期增加发生额 + 期末余额 − 本期减少发生额

    B．期末余额 = 本期增加发生额 + 期初余额 − 本期减少发生额

    C．期初余额 = 本期减少发生额 + 期末余额 − 本期增加发生额

    D．期初余额 = 本期增加发生额 − 期末余额 − 本期减少发生额

27. 取得收入导致会计要素变动的情况有（　　　　）。

    A．资产和收入同时增加　　　　　　　B．收入、资产增加，负债减少

    C．收入增加，负债减少　　　　　　　D．收入、资产增加，负债增加

28. 损益类账户一般具有以下特点：（　　　　）。

A. 费用类账户的增加额记借方   B. 收入类账户的减少额记借方

C. 期末一般无余额   D. 年末一定要结转到"利润分配"账户

29. 企业费用的发生会导致（   ）。

A. 资产的增加   B. 资产的减少

C. 负债的增加   D. 负债的减少

30. 企业的收入可能会导致（   ）。

A. 现金的增加   B. 银行存款的增加

C. 企业其他资产的增加   D. 企业负债的减少

31. 企业向银行借款 10 万元，存入银行，这项业务引起（   ）要素同时增加的变化。

A. 资产   B. 负债

C. 所有者权益   D. 收入

32. 下列经济业务中，只引起会计等式左边会计要素变动的有（   ）。

A. 购买材料 800 元，款项尚未支付

B. 从银行提取现金 500 元

C. 购买机器一台，以存款 10 万元支付货款

D. 接受投资 200 万元，款项存入银行

33. 在借贷记账法下，账户的借方应登记（   ）。

A. 费用的增加   B. 所有者权益的减少

C. 收入的增加   D. 负债的减少

34. A 公司结算本月份应付职工的工资 10 000 元，其中生产工人工资 8 000 元，车间管理人员工资 2 000 元。这项经济业务涉及的账户有（   ）。

A. 生产成本   B. 管理费用

C. 制造费用   D. 应付职工薪酬

35. 在编制试算平衡表时，账户记录出现错误但又不影响借贷双方平衡的有（   ）。

A. 某项业务在有关账户中全部被漏记

B. 某项业务在有关账户中全部被重复记录

C. 应借应贷账户相互颠倒

D. 借、贷方账户都多记相同金额

36. 账户一般可以提供的金额指标有（   ）。

A. 期初余额   B. 本期增加发生额

C. 期末余额   D. 本期减少发生额

三、不定项选择题

1. 下列各项中，能使企业负债总额减少的是（   ）。

A. 计提应付债券利息   B. 用银行借款偿还短期借款

C. 用银行存款偿还前期货款   D. 用银行存款缴纳增值税

2. 下列各项中，不属于账户的对应关系的是（   ）。

A. 总分类账户与明细分类账户之间的关系

B. 有关账户之间的应借应贷关系

C. 资产类账户与负债类账户之间的关系

D. 成本类账户与损益类账户之间的关系

3. 复式记账凭证的优点有（　　　　）。

  A. 能全面反映账户的对应关系　　　　B. 便于按会计科目进行汇总

  C. 有利于检查会计分录的正确性　　　D. 便于分工记账

4. 下列错误中，无法通过试算平衡发现的有（　　　　）。

  A. 一项经济业务被漏记了贷方金额　　B. 借贷双方同时少计了金额

  C. 借方多计了金额　　　　　　　　　D. 应借应贷科目的方向颠倒

5. 账户的对应关系是指（　　　　）。

  A. 总分类账与明细分类账之间的关系　B. 总分类账与日记账之间的关系

  C. 总分类账与备查账之间的关系　　　D. 有关账户之间的应借应贷关系

6. "借""贷"记账符号表示（　　　　）。

  A. 债权债务关系的变化　　　　　　　B. 记账金额

  C. 平衡关系　　　　　　　　　　　　D. 记账方向

7. 根据借贷记账法的账户结构，账户借方登记的内容有（　　　　）。

  A. 收入的增加　　　　　　　　　　　B. 所有者权益的增加

  C. 费用的增加　　　　　　　　　　　D. 负债的增加

8. 会计账户结构一般应包括的内容有（　　　　）。

  A. 账户的名称　　　　　　　　　　　B. 账户的方向

  C. 账户的余额　　　　　　　　　　　D. 账户的使用年限

9. "应收账款"账户的期初余额为 7 000 元，本期借方发生额为 5 000 元，本期贷方发生额为 9 000 元，该账户期末余额为（　　　　）元。

  A. 3 000　　　　　　　　　　　　　B. 12 000

  C. 16 000　　　　　　　　　　　　D. 14 000

10. 在借贷记账法下，账户贷方记录的内容是（　　　　）。

  A. 资产的增加　　　　　　　　　　　B. 资产的减少

  C. 负债及所有者权益的增加　　　　　D. 负债及所有者权益的减少

11. 设置会计科目应遵循的原则是（　　　　）。

  A. 经单位领导人批准　　　　　　　　B. 有用性

  C. 相关性　　　　　　　　　　　　　D. 统一性与灵活性相结合

12. "应付账款"账户的期初余额为 8 000 元，本期增加额为 12 000 元，期末余额为 6 000 元，则该账户本期减少额为（　　　　）元。

  A. 10 000　　　　　　　　　　　　B. 14 000

  C. 2 000　　　　　　　　　　　　　D. 4 000

13. 借方登记本期减少额的账户有（　　　　）。

  A. 资产类账户　　　　　　　　　　　B. 负债类账户

  C. 收入类账户　　　　　　　　　　　D. 所有者权益类账户

14. 账户是根据（　　　　）开设的，用来连续、系统地记载各项经济业务的一种手段。

  A. 会计凭证　　　　　　　　　　　　B. 会计对象

C. 会计科目   D. 财务指标

15. 在借贷记账法中，账户的哪一方记录增加，哪一方记录减少是由（   ）决定的。

    A. 账户的性质   B. 记账规则

    C. 账户的结构   D. 业务的性质

16. 一般来说双重性质账户的期末余额（   ）。

    A. 在借方   B. 在贷方

    C. 可能在借方也可能在贷方   D. 没有余额

17. 下列表述正确的是（   ）。

    A. 会计科目只是账户的名称   B. 会计科目与账户是同一个概念

    C. 会计科目无结构，账户有结构   D. 会计科目与账户反映的内容相同

18. 借贷记账法的试算平衡公式是（   ）。

    A. 所有账户的本期借方发生额之和 = 所有账户的本期贷方发生额之和

    B. 所有资产账户的本期借方发生额之和 = 所有负债和所有者权益账户的本期贷方发生额之和

    C. 所有账户的期末借方余额之和 = 所有账户的期末贷方余额之和

    D. 收入账户的本期发生额 = 费用账户的本期发生额

19. 会计科目的数量和粗细程度应根据（   ）设置。

    A. 单位规模大小   B. 企业利税多少

    C. 业务的繁简   D. 管理的需要

四、判断题

1. 实际工作中，会计人员应先编制会计分录，再根据会计分录填制会计凭证。

    （   ）

2. 借贷记账法下，借方表示增加，贷方表示减少。   （   ）

3. 借贷记账法下，资产类账户与费用（成本）类账户通常都有期末余额，而且在借方。

    （   ）

4. "收入 - 费用 = 利润"这一会计等式，是编制利润表的基础。   （   ）

5. 资产、负债与所有者权益的平衡关系是企业资金运动处于相对静止状态下出现的，如果考虑收入、费用等动态要素，则资产与权益总额的平衡关系必然被破坏。（   ）

6. 资产来源于权益，权益与资产必然相等。   （   ）

7. 经济业务的发生，可能影响资产与权益总额发生变化，但是不会破坏会计基本等式的平衡关系。   （   ）

8. 对于明细科目多的总账科目，可在总分类科目与明细分类科目之间设置二级或多级科目。   （   ）

9. 复合会计分录是指多借多贷形式的会计分录。   （   ）

10. 借贷记账法的记账规则为：有借必有贷，借贷必相等。即对于每一笔经济业务都只要在两个账户中以借方和贷方相等的金额进行登记。   （   ）

11. 为了判断账户记录是否正确，通常采用编制试算平衡表的方法。只要该试算平衡表实现了平衡关系，就说明账户记录正确无误。   （   ）

12．企业可以将不同类型的经济业务合并在一起，编制多借多贷的会计分录。（　　）

13．企业所有的经济资源都是企业的资产。（　　）

14．在账户中，登记本期增加的金额称为本期借方发生额，登记本期减少的金额称为本期贷方发生额。（　　）

15．如果某一账户的期初余额为 50 000 元，本期增加发生额为 80 000 元，本期减少发生额为 40 000 元，则期末余额为 90 000 元。（　　）

16．即使是亏损的企业，其资产总额也必然会等于权益总额。（　　）

17．在借贷记账法下，损益类账户的借方登记增加数，贷方登记减少数，期末一般无余额。（　　）

18．在会计处理中，只能编制一借一贷、一借多贷、一贷多借的会计分录，而不能编制多借多贷的会计分录，以避免对应关系混乱。（　　）

19．总分类账户与明细分类账户之间存在统驭与被统驭、控制与被控制的关系。（　　）

20．销售费用、管理费用和制造费用都属损益类科目。（　　）

21．发生额试算平衡是根据资产与权益的恒等关系，检验本期发生额记录是否正确的方法。（　　）

22．在借贷记账法下，费用类账户与资产类账户的结构截然相反。（　　）

23．预收账款属于资产类科目，而制造费用属于成本类科目。（　　）

24．试算平衡表中，如果借贷方发生额合计数不平衡，可以肯定账户记录或计算有错误。（　　）

25．收入和费用的增加，实质上都是所有者权益的增加。（　　）

26．余额试算平衡是由"资产＝负债＋所有者权益"的恒等关系决定的。（　　）

27．企业购入材料而货款未付，该业务会引起资产与负债同时减少。（　　）

28．会计分录包括业务涉及的账户名称、记账方向和金额三方面内容。（　　）

29．会计分录中的账户之间的相互依存关系称为账户的对应关系。（　　）

30．收入类账户与费用类账户一般没有期末余额，但有期初余额。（　　）

31．无论发生什么经济业务，会计等式始终保持平衡关系。（　　）

32．账户的本期发生额是动态资料，而期末余额与期初余额是静态资料。（　　）

33．所有者权益类账户及负债类账户的结构一般与资产类账户的结构是一致的。（　　）

34．借贷记账法下账户的基本结构是：每一个账户的左边均为借方，右边均为贷方。（　　）

35．账户的对应关系是指总账与明细账之间的关系。（　　）

36．收入能够导致企业所有者权益增加，但导致所有者权益增加的不一定都是收入。（　　）

37．借、贷二字含义是借为借入，表示债务增加，贷为贷出，表示债权增加。（　　）

38．全部账户的本期借方发生额合计与贷方发生额合计是相等的。（　　）

39．生产成本及主营业务成本都属成本类科目。（　　）

五、实务题

1. N 公司 9 月份有关账户的期初余额、本期发生额和期末余额见表 1-3-1。

表 1-3-1

账 户 名 称	期 初 余 额		本 期 发 生 额		期 末 余 额	
	借方	贷方	借方	贷方	借方	贷方
库存现金	7 200	—	1 200	（　　）	4 400	—
银行存款	96 000	—	（　　）	75 600	（　　）	—
原材料	60 000	—	26 400	（　　）	48 000	—
应收账款	（　　）	—	（　　）	100 800	96 000	—
固定资产	（　　）	—	28 800	27 000	120 000	—
实收资本	—	180 000	—	（　　）	—	216 000
资本公积	—	48 000	（　　）	12 000	—	36 000
短期借款	—	60 000	（　　）	—	—	18 000
应付账款	—	96 000	10 200	（　　）	—	165 600
合　计	（　　）	384 000	（　　）	（　　）	（　　）	（　　）

要求：填列表 1-3-1 括号中相关金额。

2. 某企业 11 月份发生如下经济业务：

（1）从银行取得短期借款 200 000 元存入存款账户。

（2）从银行提取现金 80 000 元。

（3）用现金发放工资 72 000 元。

（4）以银行存款支付行政部门办公费 2 000 元。

（5）以银行存款支付前欠 A 公司材料采购款 32 000 元。

（6）以银行存款 1 000 元支付产品广告费。

（7）计算分配公司本月职工工资，其中生产工人工资 60 000 元，车间管理人员工资 5 000 元，厂部管理人员工资 7 000 元。

（8）生产的甲产品 1 000 件完工入库，单位成本 50 元，总成本 50 000 元，结转完工产品成本。

（9）以银行存款支付明年上半年财产保险费 1 200 元。

（10）以银行存款缴纳应缴税费 2 300 元。

要求：

（1）根据上述资料编制会计分录。

（2）编制账户发生额试算平衡表（表 1-3-2）。

表 1-3-2

账 户 名 称	本期发生额	
	借　　方	贷　　方
库存现金		
银行存款		
库存商品		
预付账款		
应付账款		
应付职工薪酬		
应交税费		
短期借款		
生产成本		
管理费用		
销售费用		
制造费用		
合　　计		

3. 根据下列会计分录写出经济业务内容及其金额：

(1) 借: 银行存款　　　　　　　　　　　　　　　　　1 000 000
　　　贷: 实收资本　　　　　　　　　　　　　　　　　　　1 000 000

(2) 借: 在途物资　　　　　　　　　　　　　　　　　　20 000
　　　　应交税费——应交增值税 (进项税额)　　　　　　2 600
　　　贷: 银行存款　　　　　　　　　　　　　　　　　　　2 600

(3) 借: 生产成本　　　　　　　　　　　　　　　　　　7 000
　　　　制造费用　　　　　　　　　　　　　　　　　　1 000
　　　　管理费用　　　　　　　　　　　　　　　　　　2 000
　　　贷: 应付职工薪酬　　　　　　　　　　　　　　　　　10 000

(4) 借: 制造费用　　　　　　　　　　　　　　　　　　1 300
　　　　管理费用　　　　　　　　　　　　　　　　　　　700
　　　贷: 累计折旧　　　　　　　　　　　　　　　　　　　2 000

(5) 借: 库存商品　　　　　　　　　　　　　　　　　　6 000
　　　贷: 生产成本　　　　　　　　　　　　　　　　　　　6 000

(6) 借: 财务费用　　　　　　　　　　　　　　　　　　4 000
　　　贷: 应付利息　　　　　　　　　　　　　　　　　　　4 000

(7) 借: 销售费用——广告费　　　　　　　　　　　　　20 000
　　　贷: 银行存款　　　　　　　　　　　　　　　　　　　20 000

（8）借：银行存款   11 700

      贷：应收账款   11 700

（9）借：库存现金   200

      管理费用——差旅费   2 300

      贷：其他应收款——刘强   2 500

（10）借：主营业务收入   500 000

      其他业务收入   20 000

      营业外收入   1 000

      贷：本年利润   521 000

4. 甲企业5月31日"应付账款"总分类账户和明细分类账户的余额如下：

"应付账款"总分类账户：520 000元（贷方余额），其中东方厂220 000元（贷方余额），振兴厂300 000元（贷方余额）。

6月份甲企业发生下列有关经济业务（假定不考虑增值税）：

（1）5日，用银行存款40 000元购进甲材料200吨，材料已验收入库。

（2）10日，以银行存款200 000元偿还所欠东方厂材料款。

（3）15日，从振兴厂购进乙材料1 000吨，货款100 000元尚未支付。

（4）20日，仓库发出材料一批用于产品生产，其中：甲材料2 000吨，乙材料4 500吨。

要求：

（1）根据以上经济业务编制会计分录。

（2）平行登记"应付账款"总分类账户和明细分类账户（表1-3-3～表1-3-5）。

表 1-3-3

应付账款 总账

总页 分页

年		凭证		摘要	借 方								贷 方								借或贷	余 额							
月	日	字	号		十	万	千	百	十	元	角	分	十	万	千	百	十	元	角	分		十	万	千	百	十	元	角	分

表 1-3-4

应付账款　明细分类账

明细科目：东方厂

总页　分页

年		凭证		摘　要	借　方								贷　方								借或贷	余　额							
月	日	字	号		十	万	千	百	十	元	角	分	十	万	千	百	十	元	角	分		十	万	千	百	十	元	角	分

表 1-3-5

应付账款　明细分类账

明细科目：振兴厂

总页　分页

年		凭证		摘　要	借　方								贷　方								借或贷	余　额							
月	日	字	号		十	万	千	百	十	元	角	分	十	万	千	百	十	元	角	分		十	万	千	百	十	元	角	分

练习四　企业主要经济业务的核算

一、单项选择题

1. 企业计提生产用固定资产折旧，应借记（　　）科目。
   A. 累计折旧　　　B. 生产成本　　　C. 制造费用　　　D. 固定资产
2. 下列关于"生产成本"科目的表述中，正确的是（　　）。
   A. "生产成本"科目期末肯定无余额
   B. "生产成本"科目期末若有余额，肯定在借方
   C. "生产成本"科目的余额代表已完工产品的成本
   D. "生产成本"科目的余额代表本期发生的生产费用总额
3. 下列关于"累计折旧"科目的表述中，正确的是（　　）。
   A. "累计折旧"科目应根据固定资产的类别进行明细核算
   B. "累计折旧"科目是实收资本科目的调整科目
   C. "累计折旧"科目的贷方登记折旧的增加额
   D. "累计折旧"科目的贷方登记折旧的减少额
4. 某企业某日向 A 公司同时购入甲、乙两种材料，甲材料 400 千克，单价 50 元，买价 20 000 元，增值税额 2 600 元；乙材料 100 千克，单价 50 元，买价 5 000 元，增值税额 650 元。用银行存款支付了甲、乙两种材料的共同保险费等杂费 1 000 元，其余款项暂欠。运杂费按重量比例分配。则其中甲材料的成本为（　　）元。
   A. 20 800　　　B. 23 600　　　C. 23 900　　　D. 5 200
5. 工业企业领用材料制造产品，应计入（　　）科目。
   A. 制造费用　　　B. 生产成本　　　C. 销售费用　　　D. 管理费用
6. 企业发生的间接费用应先在"制造费用"科目归集，期末再按一定的标准和方法分配计入（　　）科目。
   A. 管理费用　　　B. 生产成本　　　C. 本年利润　　　D. 库存商品
7. 工业企业销售产品时支付的运输费，应计入（　　）科目。
   A. 生产成本　　　B. 管理费用　　　C. 销售费用　　　D. 材料采购
8. 下列项目中，不应计入"财务费用"科目的是（　　）。
   A. 利息支出　　　　　　　　B. 汇兑损失
   C. 支付金融机构手续费　　　D. 财务会计人员工资
9. 企业本月收到上期产品赊销款 20 000 元；本期销售产品 40 000 元，收到货款 30 000 元，余款尚未收到。按权责发生制原则，本月实现的产品销售收入为（　　）元。
   A. 20 000　　　B. 40 000　　　C. 50 000　　　D. 30 000
10. 职工预借差旅费应借记（　　）科目。
    A. 其他应收款　　　B. 应收账款　　　C. 预付账款　　　D. 管理费用

11. 企业计提本月生产车间使用的固定资产折旧费 40 000 元，应编制的会计分录为（　　）。

    A. 借：固定资产　　　　　　　　　　　　　　　　40 000

        贷：累计折旧　　　　　　　　　　　　　　　　　40 000

    B. 借：累计折旧　　　　　　　　　　　　　　　　40 000

        贷：固定资产　　　　　　　　　　　　　　　　　40 000

    C. 借：管理费用　　　　　　　　　　　　　　　　40 000

        贷：累计折旧　　　　　　　　　　　　　　　　　40 000

    D. 借：制造费用　　　　　　　　　　　　　　　　40 000

        贷：累计折旧　　　　　　　　　　　　　　　　　40 000

12. 某企业为增值税一般纳税人，外购一批原材料，数量 1 500 千克，实际支付的价款为 3 000 元，支付增值税 390 元，取得的增值税专用发票可以抵扣，同时发生运费 50 元，合理损耗 10 千克，价款 20 元，入库前的挑选整理费 30 元，则原材料的入账价值为（　　）元。

    A. 3 080　　　　　B. 3 610　　　　　C. 3 100　　　　　D. 3 000

13. 某企业本月支付厂部管理人员工资 30 000 元，预付厂部半年（含本月）修理费 2 400 元，生产车间保险费 6 000 元，该企业本月管理费用发生额为（　　）元。

    A. 30 000　　　　　B. 32 400　　　　　C. 30 400　　　　　D. 38 400

14. 企业在生产经营过程中借入短期借款的利息支出应计入（　　）科目。

    A. 管理费用　　　　B. 财务费用　　　　C. 制造费用　　　　D. 生产成本

15. 利润分配结束后，"利润分配"总账所属的明细账中只有（　　）有余额。

    A. 提取盈余公积　　　　　　　　　　　B. 其他转入

    C. 应付利润　　　　　　　　　　　　　D. 未分配利润

16. "本年利润"科目的各月末余额（　　）。

    A. 肯定在借方　　　　　　　　　　　　B. 肯定在贷方

    C. 可能在借方、可能在贷方　　　　　　D. 盈利则余额在借方，亏损则余额在贷方

17. 下列关于"本年利润"科目的表述中正确的是（　　）。

    A. 借方登记转入的营业收入、营业外收入等金额

    B. 贷方登记转入的营业成本、营业外支出等金额

    C. 年度终了结账后，该科目无余额

    D. 全年的任何一个月末都不应有余额

18. 某企业某车间月初在产品成本为 2 000 元，本月耗用材料 40 000 元，生产工人工资 8 000 元，该车间管理人员工资 4 000 元，车间水电等费用 4 000 元，月末在产品生产成本 4 400 元，厂部预付半年报刊费 1 200 元（含本月），则该车间本月完工产品生产成本总额为（　　）元。

    A. 56 200　　　　　B. 58 200　　　　　C. 53 600　　　　　D. 53 800

19. 下列属于"营业外支出"科目核算内容的是（　　）。

    A. 行政管理人员的工资　　　　　　　　B. 各种销售费用

    C. 借款的利息　　　　　　　　　　　　D. 非常损失

20. 某企业本月营业利润为 220 000 元，营业外支出为 40 000 元，营业外收入为 20 000 元，则该企业本月实现的利润总额为（　　）元。

A. 200 000　　　　B. 280 000　　　　C. 160 000　　　　D. 180 000

21. 下列会计分录中，正确的是（　　）。

    A. 借：资本公积　　　　　　　　　　　　100 000

       贷：实收资本　　　　　　　　　　　　　　10 000

    B. 借：财务费用　　　　　　　　　　　　　　100

       贷：原材料　　　　　　　　　　　　　　　　100

    C. 借：库存商品　　　　　　　　　　　　100 000

       贷：主营业务成本　　　　　　　　　　　　10 000

    D. 借：制造费用　　　　　　　　　　　　　10 000

         管理费用　　　　　　　　　　　　　16 000

       贷：原材料　　　　　　　　　　　　　　26 000

22. 企业接受固定资产投资，除了应计入"固定资产"科目和"实收资本"科目外，还可能计入的账户是（　　）。

    A. 累计折旧　　　　B. 资本公积　　　　C. 盈余公积　　　　D. 其他业务收入

23. 某企业"长期借款"科目期末贷方余额为 50 000 元，本期共增加 30 000 元，减少 40 000 元，则该科目的期初金额为（　　）。

    A. 借方 40 000 元　　　　　　　　　　B. 贷方 60 000 元

    C. 借方 60 000 元　　　　　　　　　　D. 贷方 40 000 元

24. 年末结转后，"利润分配"科目的贷方余额表示（　　）。

    A. 未分配利润　　　B. 净利润　　　C. 未弥补亏损　　　D. 利润总额

25. 下列各科目中，属于流动负债的是（　　）。

    A. 长期借款　　　　B. 预付账款　　　　C. 预收账款　　　　D. 其他应收款

二、多项选择题

1. 下列各项中，应计入材料采购成本的有（　　）。

    A. 买价　　　　　　　　　　　　　　　B. 采购费用

    C. 运输途中丢失　　　　　　　　　　　D. 厂部采购人员工资

2. 下列各项目属于制造费用核算范围的有（　　）。

    A. 车间用房的折旧费　　　　　　　　　B. 厂部办公楼的折旧费

    C. 车间水电费　　　　　　　　　　　　D. 直接从事产品生产的生产工人工资

3. 某企业 8 月销售一批化妆品，化妆品的成本为 80 万元，为了销售发生推销费用 0.5 万元，化妆品厂的销售价款为 100 万元，应收取的增值税销项税 13 万元，因为销售该批化妆品应交纳的消费税 30 万元。根据该项经济业务，下列表述中正确的项目有（　　）。

    A. "主营业务成本"科目应反映借方发生额 80 万元

    B. "主营业务收入"科目应反映贷方发生额 100 万元

    C. "税金及附加"科目应反映借方发生额 30 万元

    D. "销售费用"科目应反映借方发生额 0.5 万元

4. 下列项目可以作为主营业务收入的是（　　）。

    A. 出售产品取得的收入　　　　　　　　B. 购买债券取得的利息收入

    C. 对外单位罚款所取得的收入　　　　　D. 出售半成品取得的收入

5. A 公司原由甲、乙、丙三人投资，三人各投入 100 万元。两年后丁想加入，经协商，甲、乙、丙、丁四人各拥有 100 万元的资本，但丁必须投入 120 万元的银行存款方可拥有 100 万元的资本。若丁以 120 万元投入 A 公司，并已办妥增资手续，则下列表述的项目中能组合在一起形成该项经济业务的会计分录的是（　　　　）。

    A. 该笔业务应借记"银行存款"科目 120 万元

    B. 该笔业务应贷记"实收资本"科目 100 万元

    C. 该笔业务应贷记"资本公积"科目 20 万元

    D. 该笔业务应贷记"银行存款"科目 120 万元

6. 以下税费可能计入"税金及附加"科目核算的有（　　　　）。

    A. 增值税   B. 消费税   C. 城市维护建设税   D. 教育费附加

7. 下列各项中，属于产品成本项目的是（　　　　）。

    A. 直接材料   B. 折旧费用   C. 管理费用   D. 制造费用

8. 下列关于"预付账款"科目的表述中，正确的有（　　　　）。

    A. 预付及补付的款项登记在该科目的借方

    B. 该科目的借方余额，表示预付给供货单位的款项

    C. 该科目的贷方余额，表示应当补付的款项

    D. 预付款项不多的企业，也可将预付款项记入"应付账款"科目的借方

9. 下列票据中，通过"应付票据"科目核算的有（　　　　）。

    A. 商业承兑汇票   B. 银行承兑汇票   C. 银行汇票   D. 转账支票

10. 下列项目中，具有待摊费用性质的有（　　　　）。

    A. 本年末预付下年度全年报刊费   B. 月初预付本月份电费

    C. 预付外单位购货款   D. 季度初预付本季度房屋租金

11. 下列费用中，应计入产品成本的有（　　　　）。

    A. 直接用于产品生产，构成产品实体的辅助材料

    B. 直接从事产品生产的工人的工资

    C. 实际发生的生产工人职工福利费

    D. 车间管理人员的工资及福利费

12. 甲公司 1 月 1 日借入期限为三个月的借款 1 000 万元，年利率 6%，3 月 31 日到期时一次还本付息。按照权责发生制原则，3 月 31 日甲公司还本付息时，应编制的会计分录中可能涉及的应借应贷科目及相应金额是（　　　　）。

    A. 借记"短期借款"科目 1 000 万元   B. 借记"财务费用"科目 5 万元

    C. 借记"应付利息"科目 10 万元   D. 贷记"银行存款"科目 1 015 万元

13. 按权责发生制的要求，应全部或部分确认为本期费用的是（　　　　）。

    A. 月末预提本期机器设备大修理费，但尚未支付

    B. 本月支付一笔巨额广告费

    C. 本月预付下季度报刊费（不含本月）

    D. 职工月初出差借支了差旅费，此人月末出差回来，但尚未来财务科报销

14. 关于"本年利润"科目，下列说法正确的是（　　　　）。

    A. 各月末余额反映自年初开始至当月末为止累计实现的净利润或亏损

B．年终结转后无余额

C．平时月份期末余额可能在借方，也可能在贷方

D．各月末余额反映当月实现的净利润或亏损

15．下列（ ）属于营业外收入的核算内容。

　　A．确实无法支付的应付款项　　　B．罚款净收入

　　C．没收外单位财产的收入　　　　D．出售材料所取得的收入

16．下列关于"所得税费用"科目的表述中正确的有（ ）。

　　A．它是损益类科目

　　B．该科目的余额期末结账时应转入"本年利润"科目

　　C．该科目属负债类科目

　　D．该科目的余额一般在贷方

17．下列项目中，应计入"营业外收入"科目核算的有（ ）。

　　A．固定资产盘盈　　　　　　　　B．处置固定资产净收益

　　C．无法偿付的应付款项　　　　　D．出售无形资产净收益

18．下列（ ）属于营业外支出的核算内容。

　　A．购买固定资产的支出　　　　　B．非常损失

　　C．罚款支出　　　　　　　　　　D．短期借款的利息支出

19．计提固定资产折旧时，可能涉及的科目有（ ）。

　　A．固定资产　　B．累计折旧　　C．制造费用　　　D．管理费用

20．下列（ ）应计入"管理费用"科目。

　　A．厂部固定资产的折旧费　　　　B．业务招待费

　　C．车间管理人员工资　　　　　　D．厂部管理人员工资

21．下列各项经济业务中，对所有者权益总额变动无影响的有（ ）。

　　A．用盈余公积转增实收资本　　　B．用资本公积转增实收资本

　　C．收到所有者投入的新设备　　　D．用银行存款归还前欠货款

22．下列项目中，应计入"营业外支出"科目的有（ ）。

　　A．广告费　　B．借款利息　　C．固定资产盘亏　　D．捐赠支出

23．关于短期借款，下列说法正确的是（ ）。

　　A．属于流动负债

　　B．一定是向银行借入的

　　C．可能是向银行借入的，也可能是向其他金融机构借入的

　　D．可能是流动负债，也可能是长期负债

24．下列会计科目中，可能成为"本年利润"科目的对应科目的有（ ）。

　　A．管理费用　　　　　　　　　　B．所得税费用

　　C．利润分配　　　　　　　　　　D．制造费用

25．A公司结算本月份应付职工的工资10 000元，其中生产工人工资8 000元，车间管理人员工资2 000元。这项经济业务涉及的科目有（ ）。

　　A．生产成本　　　　　　　　　　B．管理费用

　　C．制造费用　　　　　　　　　　D．应付职工薪酬

三、不定项选择题

1. 下列可以用现金支付的业务为（　　　　）。

    A. 购入固定资产，支付价款 50 000 元

    B. 偿还所欠债务，金额 2 000 元

    C. 向一般纳税企业购入原材料，支付价款 4 000 元

    D. 职工甲的工资 3 600 元

2. 材料采购过程中，运输途中发生的合理损耗在工业企业应直接计入（　　　　）。

    A. 存货成本   B. 主营业务成本

    C. 营业外支出   D. 当期损益

3. 下列相关的经济业务中，不应计入营业外支出的是（　　　　）。

    A. 计量差错引起的原材料盘亏   B. 固定资产的盘亏

    C. 自然灾害造成的原材料损失   D. 固定资产处置的净损失

4. 购入不需要安装的固定资产，按实际支付的价款（　　　　）科目。

    A. 借记"工程材料"   B. 贷记"银行存款"

    C. 借记"固定资产"   D. 贷记"实收资本"

5. 用银行存款偿还应付账款，应（　　　　）。

    A. 借记"银行存款"   B. 贷记"银行存款"

    C. 借记"现金"   D. 贷记"现金"

6. 下列项目中不属于产品成本项目的有（　　　　）。

    A. 直接材料   B. 制造费用   C. 生产工人工资   D. 管理费用

7. 向银行借入短期借款 5 000 元，则应（　　　　）。

    A. 借记"银行存款"   B. 贷记"银行存款"

    C. 借记"短期借款"   D. 贷记"短期借款"

8. 某工业企业购入材料一批，在发生的下列费用中，应计入材料采购成本的是（　　　　）。

    A. 外地运杂费   B. 采购人员的差旅费

    C. 运输途中的合理损耗   D. 发票上所列的买价金额

9. 企业资本公积转增资本时，应（　　　　）科目。

    A. 借记"资本公积"   B. 贷记"实收资本"

    C. 借记"实收资本"   D. 贷记"资本公积"

10. 企业月末结转本月制造费用 27 800 元，根据甲、乙产品的生产工时比例分配制造费用，甲、乙产品的生产工时分别为 30 000 小时和 20 000 小时，应编制会计分录（　　　　）。

    A. 借：生产成本——甲产品   16 680

           贷：制造费用   16 680

    B. 借：生产成本——甲产品   11 120

           贷：制造费用   11 120

    C. 借：生产成本——乙产品   11 120

           贷：制造费用   11 120

D. 借：生产成本——乙产品   16 680
        贷：制造费用   16 680

11. 制造费用是指为生产产品和提供劳务而发生的各项间接费用，包括（   ）。
    A. 生产车间管理人员的工资和福利费   B. 生产车间固定资产折旧费
    C. 生产车间的办公费   D. 行政管理部门的水电费

12. 下列各项中，应计入工业企业外购存货入账价值的有（   ）。
    A. 存货的购买价格   B. 运输途中的保险费
    C. 入库前的挑选整理费用   D. 运输途中的合理损耗

13. 下列项目中，通过"营业外支出"科目核算的是（   ）。
    A. 计提的存货跌价损失   B. 出售无形资产净损失
    C. 债务重组损失   D. 非常损失

14. 下列各项，影响企业利润总额的有（   ）。
    A. 资产减值损失   B. 公允价值变动损益
    C. 所得税费用   D. 营业外支出

15. 某企业20×1年期初"利润分配"无余额，当年实现净利润600 000元，按净利润10%的比例提取盈余公积，向投资者宣告分配现金股利300 000元，下列说法中正确的有（   ）。
    A. 宣告分配现金股利的账务处理为：
    借：利润分配   300 000
        贷：应付股利   300 000
    B. 实现本年净利润的账务处理为：
    借：本年利润   600 000
        贷：利润分配   600 000
    C. 20×1年年末利润分配余额为240 000元
    D. 提取盈余公积的账务处理为：
    借：利润分配   60 000
        贷：盈余公积   60 000

16. 为了核算企业利润分配的过程、去向和结果，企业应设置的科目有（   ）。
    A. 利润分配   B. 管理费用   C. 盈余公积   D. 应付股利

17. （   ）科目的借方余额反映期末的在产品成本。
    A. 生产成本   B. 原材料   C. 库存商品   D. 材料采购

18. 按照我国会计准则的规定，下列各项中不应确认为收入的是（   ）。
    A. 销售商品收入   B. 销售原材料收入
    C. 出租固定资产的租金收入   D. 出售无形资产取得的收入

19. 某企业10月份发生的费用有：计提车间用固定资产折旧10万元，发生车间管理人员工资40万元，支付广告费用30万元，计提短期借款利息20万元，计提劳动保险费10万元，则该企业当期的期间费用总额为（   ）万元。
    A. 50   B. 60   C. 100   D. 110

20. 甲企业本期主营业务收入为 500 万元，主营业务成本为 300 万元，其他业务收入为 200 万元，其他业务成本为 100 万元，销售费用为 15 万元，资产减值损失为 45 万元，公允价值变动收益为 60 万元，投资收益为 20 万元。假定不考虑其他因素，该企业本期营业利润为（   ）万元。

A. 300   B. 320   C. 365   D. 380

四、判断题

1. "应付账款"科目和"预付账款"科目同属负债类科目。 （   ）

2. 短期借款的利息支出必须采用按月预提，以后一次支付的会计处理方法。 （   ）

3. 企业销售产品，若产品已发出，只要货款尚未收到，就不能作为主营业务收入实现处理。 （   ）

4. 企业预付生产车间机器设备的修理费时，会使制造费用增加，应计入"制造费用"科目的借方，同时，贷记"银行存款"科目。 （   ）

5. 企业应当在收到以前月份销售货款的时候确认主营业务收入。 （   ）

6. 如果某产品月初、月末均无在产品，则本月为生产该产品发生的全部生产费用就是该产品本月完工产品总成本。 （   ）

7. 计提固定资产折旧意味着费用增加，因此，应计入"累计折旧"科目的借方。 （   ）

8. 企业在本期发生的所有会计事项均应按照权责发生制原则来确认本期的收入和费用。 （   ）

9. 漏报固定资产折旧会使当月费用和固定资产净值都减少。 （   ）

10. "生产成本"科目期末若有借方余额，表示企业月末有在产品。 （   ）

11. "制造费用"科目本期借方发生额均应于月末分配转入"生产成本"科目，结转后制造费用科目无余额。 （   ）

12. 会计人员将应记入制造费用的项目误记入管理费用，会影响本期完工产品成本计算的正确性。 （   ）

13. 制造费用和管理费用都应当在期末转入"本年利润"科目。 （   ）

14. 生产工人工资应借记"生产成本"科目，车间管理人员工资应借记"制造费用"科目。 （   ）

15. 计提短期借款的利息，应贷记"预付账款"科目。 （   ）

16. "本年利润"科目的余额如果在借方，则表示自年初至本期末累计发生亏损。 （   ）

17. "长期借款"科目的期末余额表示企业尚未偿还的长期借款的本息。 （   ）

18. 未分配利润有两层含义：一是留待以后年度分配的利润；二是未指定用途的利润。 （   ）

19. 生产车间使用的固定资产，所计提的折旧应计入生产成本。 （   ）

20. 应收账款科目核算企业因销售产品、材料、提供劳务、职工借款等业务，应向购货单位或本单位职工个人收取的款项。 （   ）

五、计算分录题

1. 某企业 3 月份发生如下材料采购业务：

（1）2 日，购入甲材料 5 000 千克，单价 10 元，增值税税率 13%，材料未到，已开出转账支票通过银行存款支付货款。

（2）3 日，上述甲材料已运到并验收入库，按实际成本入账。

（3）5 日，购入乙材料 3 000 千克，单价 12 元，增值税税率 13%，对方代垫运费 800 元，运输费增值税税率 9%，货款及运杂费通过银行支付，材料验收入库。

（4）8 日，向 W 企业购入甲材料 5 500 千克，单价 10 元；购入乙材料 4 500 千克，单价 12 元，增值税税率 13%，货款未付，材料未到。

（5）12 日，8 日购入的甲、乙材料运到并验收入库，按实际成本入账。

（6）13 日，以银行存款支付 8 日购进甲、乙材料所欠的款项。

（7）15 日，购入乙材料 8 000 千克，单价 12 元；丙材料 5 000 千克，单价 20 元，增值税税率 13%，对方代垫运费 3 900 元，运输费增值税税率 9%（运输费按材料的重量比例分配），款已付，材料未到。

（8）18 日，用银行存款预付供货单位 A 企业购材料款 50 000 元。

（9）28 日，向上述 A 企业购入甲材料 5 000 千克，单价 10 元，增值税税率 13%，对方代垫运费 1 000 元，运输费增值税税率 9%，上述款项扣除 18 日预付款 50 000 元后，其余款项当即以银行存款支付，材料已验收入库。

（10）28 日，收到 15 日购入的乙材料 8 000 千克、丙材料 5 000 千克，并已验收入库。

要求：根据以上经济业务编制会计分录，并标明必要的明细科目。

2. 某企业为增值税一般纳税人，6 月份发生下列材料采购业务：

（1）3 日，购入甲材料一批，价款 80 000 元，增值税 10 400 元，运费 1 000 元，增值税 90 元，全部款项均以银行存款支付。

（2）8 日，购入乙材料一批，价款 100 000 元，增值税 13 000 元，运费 1 800 元，增值税 162 元，款项尚未支付。

（3）20 日，向三星工厂购入甲、乙两种材料，甲材料 500 千克，每千克 300 元，增值税 19 500 元；乙材料 800 千克，每千克 400 元，增值税 41 600 元；甲、乙两种材料的运费 3 250 元，增值税 292.5 元，运费按甲、乙两种材料的重量比例分配。全部款项均以银行存款支付。

（4）30 日，上述购入的材料验收入库，按实际成本转入原材料科目。

要求：根据上述材料采购业务编制会计分录。

3. 中天公司为增值税一般纳税企业，7 月份发生下列经济业务：

（1）3 日，购进 A 材料 2 000 千克，单价 25 元，计价款 50 000 元，增值税 6 500 元，货款及税款当即以银行存款支付。

（2）4 日，以现金支付上述购进 A 材料的运杂费 800 元，增值税 72 元。

（3）12 日，购进 B 材料 1 500 千克，单价 40 元，计价款 60 000 元，增值税 78 00 元，对方代垫运杂费 1 000 元，增值税 90 元，所有款项暂欠。

（4）20 日，向东风公司同时购进 A、B 两种材料。A 材料 3 000 千克，单价 25 元，计价款 75 000 元，增值税 9 750 元；B 材料 2 000 千克，单价 40 元，计价款 80 000 元，增值税 10 400 元；发生运费 2 000 元，增值税 180 元。所有款项均以银行存款支付。

（5）30 日，本月购进 A、B 两种材料全部已验收入库，结转所有 A、B 材料的实际成本。

要求：

（1）对 A、B 两种材料共同发生的运费按重量比例进行分配，填写运费分配表（表 1-4-1）。

表 1-4-1

运费分配表

材 料 名 称	分配标准（重量）	分 配 率	分 配 额
A 材料			
B 材料			
合 计			

（2）根据上述经济业务编制会计分录。

4. 东方公司 20×1 年 3 月份发生下列经济业务：

（1）6 日，以现金购买厂部用办公用品 500 元。

（2）10 日，仓库发出材料一批，用途及金额见表 1-4-2。

表 1-4-2

发出材料情况 （单位：元）

	甲 材 料	乙 材 料	合 计
生产 A 产品耗用	35 000		35 000
生产 B 产品耗用	20 000		20 000
车间一般耗用		2 000	2 000
厂部管理部门一般耗用		1 000	1 000
合 计	55 000	3 000	58 000

（3）31 日结转本月职工工资：

生产 A 产品工人工资	220 000 元
生产 B 产品工人工资	180 000 元
车间管理人员工资	50 000 元
厂部管理人员工资	30 000 元
合计	480 000 元

（4）31 日，计提本月固定资产折旧 30 000 元，其中车间用固定资产 25 000 元，厂部管理部用 5 000 元。

（5）31 日，将本月发生的制造费用转入"生产成本"科目，并按照生产工人工资比例在 A、B 两种产品之间分配。

要求：

（1）根据上述业务编制会计分录。

（2）计算制造费用分配表（表 1-4-3）。

表 1-4-3

制造费用分配表

20×1 年 3 月 31 日

产 品 名 称	生产工人工资（元）	分 配 率	分配额（元）
A 产品			
B 产品			
合　计			

5．某公司 5 月份发生下列业务（期初无在产品）：

（1）生产甲产品领用材料 50 000 元，生产乙产品领用材料 40 000 元，车间一般性耗用材料 1 000 元。

（2）分配本月职工工资 100 000 元，其中甲产品生产工人工资 60 000 元，乙产品生产工人工资 20 000 元，车间管理人员工资 9 000 元，行政管理人员工资 11 000 元。

（3）计提固定资产折旧，其中生产用固定资产折旧 12 000 元，管理用固定资产折旧 8 000 元。

（4）生产甲产品的生产工时为 60 000 小时，生产乙产品的生产工时为 20 000 小时，制造费用按生产工时比例分配。

（5）本月投产的甲产品 100 件和乙产品 200 件已全部完工。

（6）销售甲产品 40 件，每件价格 2 000 元，价款共 80 000 元，增值税 10 400 元，款已收到并存入银行。

（7）结转已售甲产品的销售成本。

要求：编制上述经济业务的会计分录。

6．某企业有关资料如下（不考虑增值税）：

（1）6 月 1 日，"生产成本"科目期初余额为 18 600 元，其中"生产成本——A 产品"明细科目余额为：直接材料 15 100 元，直接人工 2 300 元，制造费用 1 200 元。

（2）6 月份发生有关经济业务如下：

1）6 月 3 日，基本生产车间管理人员王群预借差旅费 800 元，以现金支付。

2）6 月 15 日，基本生产车间设备维修，以银行存款支付修理费 1 560 元。

3）6 月 18 日，以银行存款购入办公用品 650 元，直接领用，其中管理部门领用 400 元，其余基本生产车间领用。

4）6 月 20 日开出现金支票，提取现金 35 000 元，当日发放工资。

5）6 月 30 日根据本月发料凭证汇总表，共领用材料 66 000 元，其中 A 产品用 42 000 元，B 产品用 14 000 元，基本生产车间一般耗用 4 000 元，企业管理部门耗用 6 000 元。

6）6 月 30 日，王群回厂报销差旅费 910 元，补其现金 110 元。

7）6 月 30 日，分配本月工资费用，其中生产 A 产品工人工资 15 000 元，生产 B 产品工人工资 5 000 元，基本生产车间管理人员工资 8 000 元，厂部管理人员工资 7 000 元。

8）6 月 30 日，计提本月折旧 9 060 元，其中基本生产车间折旧费 7 560 元，企业管理部门折旧费 1 500 元。

要求：

（1）根据上述业务编制会计分录。

（2）按生产工人工资比例分配本月制造费用（列出算式）。

（3）本月A产品全部完工，B产品尚未完工。结转完工A产品成本。

（4）登记"生产成本——A产品"明细分类科目（表1-4-4）的期初余额和本期发生额，结出该科目期末余额。

表 1-4-4

生产成本明细账

产品名称：A产品

年		业 务 号	摘 要	成 本 项 目			合 计
月	日			直接材料	直接人工	制造费用	

7. 某企业是增值税一般纳税人，适用的增值税税率为13%，6月份有关资料如下：

（1）该企业生产A、B两种产品，根据月末编制的"发料凭证汇总表"，当月生产车间共领用甲材料198 000元（其中，用于A产品生产120 000元，用于B产品生产78 000元），车间管理部门领用甲材料3 000元，行政管理部门领用甲材料2 000元。

（2）根据月末编制的"工资结算汇总表"，本月应付生产工人薪酬为114 000元（其中，生产A产品的工人薪酬67 000元，生产B产品的工人薪酬47 000元），应付车间管理人员薪酬为17 100元，应付行政管理人员薪酬为22 800元。

（3）本月计提固定资产折旧5 000元，其中，生产车间固定资产折旧4 000元，行政管理部门固定资产折旧1 000元。

（4）本月以银行存款支付制造费用其他支出4 400元。

（5）分配制造费用，制造费用按生产工人薪酬比例分配。

（6）月末，本月生产的A、B两种产品全部完工并验收入库，其中A产品计20件，B产品计30件，且无月初在产品。计算并结转完工产品成本。

（7）销售A产品18件，不含税每件单价16 000元，B产品25件，不含税每件单价8 000元，均已收到贷款并存入银行。

（8）结转已售产品成本（假设该企业月初无库存商品）。

要求： 根据以上业务编制有关会计分录。

8. A公司为增值税一般纳税人，销售单价均为不含增值税价格，适用增值税税率为13%，7月份发生下列经济业务：

（1）3日，销售A产品300件，销售单价200元，款项已收存银行。

（2）8日，销售B产品600件，销售单价500元，产品已发出并向银行办妥托收手续。

（3）10 日，以银行存款支付业务招待费 3 900 元。

（4）15 日，用转账支票向红十字会捐款 20 000 元。

（5）31 日，一次结转本月已销产品的成本，A 产品单位成本 120 元，B 产品单位成本 450 元。

（6）31 日，计提本月短期借款利息 1 500 元。

（7）31 日，接受外商的捐赠款 30 000 元存入银行。

（8）31 日，计算本月应交城市维护建设税为 2 800 元。

（9）31 日，将收入、费用科目余额转入"本年利润"科目。

（10）31 日，按本月利润总额的 25% 计算应交所得税，并将所得税费用转入"本年利润"科目（无纳税调整项目）。

要求：

（1）根据上述业务编制会计分录。

（2）根据上述资料分别计算该公司本月的营业利润、利润总额和净利润。

9．某企业 12 月份部分损益类科目的发生额见表 1-4-5。

表 1-4-5

部分损益类科目发生额

科 目 名 称	借　　方	贷　　方
主营业务收入		125 000
主营业务成本	101 400	
税金及附加	8 750	
管理费用	1 800	
财务费用	1 240	

（1）通过银行向希望工程捐款 5 000 元。

（2）收到违纪职工交来罚款现金 500 元。

（3）结转本月利润。

（4）按 25% 的税率计算并结转本月所得税。

（5）结转全年净利润（"本年利润"科目 11 月末为贷方余额 75 102.3 元）。

（6）按全年净利润的 10% 计提法定盈余公积。

（7）向投资者分配利润 30 000 元。

（8）结转"利润分配"各明细科目余额。

要求：根据上述资料做出相关会计分录。

10．某公司 12 月份的部分经济业务资料如下：

（1）将本月实现的"主营业务收入"280 000 元和"营业外收入"4 000 元结转入"本年利润"科目。

（2）将本月发生的"主营业务成本"100 000 元，"税金及附加"3 000 元，"销售费用"4 500 元，"管理费用"24 500 元，"财务费用"1 500 元和"营业外支出"20 000 元结转入"本年利润"科目。

（3）按照规定计算出本月应交所得税为 43 000 元，并予以结转。

（4）公司全年实现的净利润为 1 200 000 元，年终将本年实现的净利润转入"利润分配——未分配利润"科目。

（5）公司按照董事会的决议，提取法定盈余公积 120 000 元。

（6）公司按照董事会的决议，向投资者分配利润 200 000 元，但尚未支付。

（7）将已分配的净利润转入"利润分配—— 未分配利润"科目。

要求：根据上述资料，采用借贷记账法编制相关会计分录。

11．企业 1 月 1 日至 12 月 31 日损益类科目累计发生额见表 1-4-6。

表 1-4-6

损益类科目累计发生额

科 目 名 称	借　　　方	贷　　　方
主营业务收入		700 000
主营业务成本	525 000	
税金及附加	14 000	
管理费用	17 000	
销售费用	35 000	
财务费用	4 000	
营业外收入		14 000
营业外支出	40 000	

该公司所得税税率为 25%，假设无其他纳税调整事项，按本年税后利润的 10% 提取法定盈余公积，从税后利润中向投资者分配利润 30 000 元。该企业"利润分配—— 未分配利润"科目年初贷方余额为 50 000 元。

要求：

（1）编制有关会计分录。

（2）计算该企业的营业利润、利润总额、净利润及未分配利润。

12．光明公司 12 月份发生下列经济业务：

（1）购入甲材料 1 000 千克，每千克 5 元，计 5 000 元，增值税 650 元；购入乙材料 2 000 千克，每千克 4 元，计 8 000 元，增值税 1 040 元。货款及税金均以银行存款支付，材料已验收入库，结转材料采购成本。

（2）仓库发出材料，用于产品生产，具体数据如下：

A 产品领用：甲材料 2 000 千克，计 10 000 元；

乙材料 3 000 千克，计 12 000 元。

B 产品领用：甲材料 500 千克，计 2 500 元；

乙材料 1 000 千克，计 4 000 元。

（3）以银行存款预付下年度报刊订阅费 600 元。

（4）张良出差预借旅费 700 元，以现金支付。

（5）按月初固定资产原值计提本月份固定资产折旧 5 000 元，其中生产车间负担 3 000 元，企业管理部门负担 2 000 元。

（6）分配结转本月职工工资 100 000 元，其中：A 产品生产工人工资 50 000 元；B 产品生产工人工资 30 000 元；车间管理人员工资 5 000 元；厂部管理人员工资 15 000 元。

（7）分配结转本月制造费用 16 000 元（按生产工人工资比例分配）。

（8）委托银行收取的货款 500 000 元已收到并存入银行。

（9）结转本月完工入库产品成本，A 产品 20 000 元，B 产品 10 000 元。

（10）本月销售 A 产品 10 000 千克，每千克 10 元，增值税 13 000 元；B 产品 5 000 千克，每千克销售 40 元，增值税 26 000 元，货款及税款已收存银行。

（11）本月销售 A 产品成本为 75 000 元、B 产品成本为 180 000 元，结转本月产品销售成本。

（12）以银行存款支付广告费 5 000 元。

（13）结转本月收入和费用科目的发生额。

（14）根据本月实现利润总额，按 25% 计算并结转本期所得税。

（15）分别按税后利润的 10%、40% 提取盈余公积、向投资者分配利润。

要求：根据上述资料编制会计分录（要求列示计算过程及必要的明细科目）。

练习五 会 计 凭 证

一、单项选择题

1. 收款凭证主要用于记录的经济业务是（   ）。
   A. 应收账款增加
   B. 应收票据增加
   C. 货币资金增加
   D. 其他应收款增加

2. 仓库保管人员填制的收料单，属于企业的（   ）。
   A. 外来原始凭证
   B. 自制原始凭证
   C. 汇总原始凭证
   D. 累计原始凭证

3. （   ）是记录经济业务发生或完成情况的书面证明，也是登记账簿的依据。
   A. 科目汇总表
   B. 会计凭证
   C. 原始凭证
   D. 记账凭证

4. 会计凭证按其（   ）的不同，分为原始凭证和记账凭证。
   A. 填制的程序和用途
   B. 填制的手续
   C. 来源
   D. 凭证格式

5. 根据一定时期内反映相同经济业务的多张原始凭证，按一定标准经综合后一次填制完成的原始凭证是（   ）。
   A. 累计凭证
   B. 一次凭证
   C. 汇总凭证
   D. 记账凭证

6. 对于从银行提取现金的业务，会计人员应填制的记账凭证是（   ）。
   A. 现金收款凭证
   B. 银行存款付款凭证
   C. 现金付款凭证
   D. 现金收款凭证和银行存款付款凭证

7. 下列各项中，不能作为原始凭证的是（   ）。
   A. 发票
   B. 领料单
   C. 工资结算汇总表
   D. 银行存款余额调节表

8. 在填制会计凭证时，1 518.53 元的大写金额数字为（   ）。
   A. 壹仟伍佰拾捌元伍角叁分整
   B. 壹仟伍佰壹拾捌元伍角叁分整
   C. 壹仟伍佰拾捌元伍角叁分
   D. 壹仟伍佰壹拾捌元伍角叁分

9. 原始凭证金额有错误的，应当（   ）。
   A. 在原始凭证上更正
   B. 由出具单位更正并且加盖公章
   C. 由经办人更正
   D. 由出具单位重开，不得在原始凭证上更正

10. 现金收款凭证上的填写日期应当是（   ）。
    A. 收取现金的日期
    B. 编制收款凭证的日期
    C. 原始凭证上注明的日期
    D. 登记总账的日期

11. 记账凭证的编制依据是（　　）。
　　A. 会计分录　　　　　　　　　B. 经济业务
　　C. 原始凭证　　　　　　　　　D. 账簿记录

12. 汇总原始凭证与累计原始凭证的主要区别是（　　）。
　　A. 登记的经济业务内容不同　　B. 填制时间不同
　　C. 会计核算工作繁简不同　　　D. 填制手续和方法不同

13. 出纳人员在办理收款或付款后，应在（　　）上加盖"收讫"或"付讫"的戳记，以避免重收重付。
　　A. 记账凭证　　　B. 原始凭证　　　C. 收款凭证　　　　D. 付款凭证

14. 下列业务中，应该填制现金收款凭证的是（　　）。
　　A. 出售产品一批，款未收　　　B. 从银行提取现金
　　C. 出售产品一批，收到一张转账支票　　D. 出售多余材料，收到现金

15. 某会计人员在审核记账凭证时，发现误将 1 000 元写成 100 元，尚未入账，一般应采用（　　）改正。
　　A. 重新编制记账凭证　　　　　B. 红字更正法
　　C. 补充登记法　　　　　　　　D. 冲账法

16. 下列原始凭证中，属于累计凭证的是（　　）。
　　A. 领料单　　　　　　　　　　B. 收料单
　　C. 限额领料单　　　　　　　　D. 发票

17. 下列各项中，（　　）不属于记账凭证基本要素。
　　A. 交易或事项的内容摘要　　　B. 交易或事项的数量、单价和金额
　　C. 应记会计科目、方向及金额　　D. 凭证的编号

18. 下列记账凭证中，不能据以登记现金日记账的是（　　）。
　　A. 银行存款收款凭证　　　　　B. 银行存款付款凭证
　　C. 现金收款凭证　　　　　　　D. 现金付款凭证

19. 某企业根据一张发料凭证汇总表编制记账凭证，由于涉及项目较多，需填制两张记账凭证，则记账凭证编号为（　　）。
　　A. 转字第 ×× 号
　　B. 收字 ×× 号
　　C. 转字第 ×× $\frac{1}{2}$ 号和转字第 ×× $\frac{2}{2}$ 号
　　D. 收字第 ×× $\frac{1}{2}$ 号和收字第 ×× $\frac{2}{2}$ 号

20. 购买材料的发票按其来源，属于（　　）。
　　A. 自制原始凭证　　　　　　　B. 外来原始凭证
　　C. 一次凭证　　　　　　　　　D. 累计凭证

21. 记账凭证的填制是由（　　）完成的。
　　A. 出纳人员　　　　　　　　　B. 会计人员
　　C. 经办人员　　　　　　　　　D. 主管人员

22．盘存表是一张反映企业财产物资实有数的（　　　　）。

A．外来原始凭证　　　　　　　　　B．自制原始凭证

C．记账凭证　　　　　　　　　　　D．转账凭证

23．会计凭证的传递是指（　　　　），在单位内部各有关部门及人员之间的传递程序和传递时间。

A．会计凭证从取得到编制成记账凭证时止

B．从取得原始凭证到登记账簿时止

C．从填制记账凭证到编制会计报表时止

D．会计凭证从取得或填制时起到归档时止

24．各种原始凭证，除由经办业务的有关部门审核以外，最后都要由（　　　　）进行审核。

A．财政部门　　　B．董事会　　　C．总经理　　　　D．会计部门

25．以下凭证中，属于外来原始凭证的是（　　　　）。

A．入库单　　　　　　　　　　　　B．出库单

C．银行转账支票　　　　　　　　　D．领料汇总表

26．4月12日行政管理人员王强将标明日期为3月25日的发票拿来报销，经审核后会计人员依据该发票编制记账凭证时，记账日期应为（　　　　）。

A．3月25日　　　　　　　　　　　B．3月31日

C．4月12日　　　　　　　　　　　D．4月1日

27．企业生产车间领用材料40 000元，填制记账凭证时，误将"生产成本"科目填为"管理费用"，并已登记入账，应采用的正确更正方法是（　　　　）。

A．画线更正法　　　　　　　　　　B．补充登记法

C．红字更正法　　　　　　　　　　D．更换账页法

28．一项经济业务所涉及的每个会计科目单独填制一张记账凭证，每一张记账凭证中只登记一个会计科目，这种凭证叫作（　　　　）。

A．单式记账凭证　　　　　　　　　B．专用记账凭证

C．通用记账凭证　　　　　　　　　D．一次凭证

29．（　　　　）是用以调整财产物资账簿记录的重要原始凭证，也是分析产生差异的原因，明确经济责任的依据。

A．盘存单　　　　　　　　　　　　B．实存账存对比表

C．银行对账单　　　　　　　　　　D．库存现金盘点表

30．记账凭证填制完毕加计合计数以后，如有空行应（　　　　）。

A．空置不填　　　B．画线注销　　　C．盖章注销　　　D．签字注销

31．企业常用的收款凭证、付款凭证和转账凭证均属于（　　　　）。

A．单式记账凭证　　　　　　　　　B．复式记账凭证

C．一次凭证　　　　　　　　　　　D．通用凭证

32．企业出售产品一批，售价5 000元，收到一张转账支票送存银行。这笔业务应编制的记账凭证为（　　　　）。

A．收款凭证　　　B．付款凭证　　　C．转账凭证　　　D．以上均可

33. 在一定时期内连续记录若干项同类经济业务的会计凭证是（　　）。
    A. 原始凭证　　　B. 累计凭证　　　C. 记账凭证　　　　D. 一次凭证

34. 已经登记入账的记账凭证，在当年发现有误，可以用红字填写一张与原内容相同的记账凭证，在摘要栏注明（　　），以冲销原错误的记账凭证。
    A. 注销某月某日某号凭证　　　　B. 订正某月某日某号凭证
    C. 经济业务的内容　　　　　　　D. 对方单位

35. 根据同一原始凭证编制几张记账凭证的，应（　　）。
    A. 编制原始凭证分割单
    B. 采用分数编号的方法
    C. 不必做任何说明
    D. 在未附原始凭证的记账凭证上注明其原始凭证在哪张记账凭证中

36. 审核原始凭证所记录的经济业务是否符合企业生产经营活动的需要、是否符合有关的计划和预算，属于（　　）审核。
    A. 合理性　　　　B. 合法性　　　　C. 真实性　　　　D. 完整性

37. 职工张某出差归来，报销差旅费200元，交回多余现金100元，应编制的记账凭证是（　　）。
    A. 收款凭证　　　　　　　　　B. 转账凭证
    C. 收款凭证和转账凭证　　　　D. 收款凭证和付款凭证

38. 用银行转账支票支付前欠货款，应填制（　　）。
    A. 转账凭证　　　B. 收款凭证　　　C. 付款凭证　　　　D. 原始凭证

39. 下列单证中，属于原始凭证的是（　　）。
    A. 材料请购单　　　　　　　B. 购销合同
    C. 生产计划　　　　　　　　D. 限额领料单

40. 只反映一项经济业务，或同时反映若干项同类经济业务，凭证填制手续是一次完成的自制原始凭证，称为（　　）。
    A. 累计凭证　　　　　　　　B. 一次凭证
    C. 汇总凭证　　　　　　　　D. 单式记账凭证

41. 差旅费报销单按填制的手续及内容分类，属于原始凭证中的（　　）。
    A. 一次凭证　　　B. 累计凭证　　　C. 汇总凭证　　　　D. 专用凭证

42. 会计机构和会计人员对真实、合法、合理但内容不准确、不完整的原始凭证，应当（　　）。
    A. 不予受理　　　　　　　　B. 予以受理
    C. 予以纠正　　　　　　　　D. 予以退回，要求更正、补充

43. 对于"企业赊购一批原材料，已经验收入库"的经济业务，应当编制（　　）。
    A. 收款凭证　　　　　　　　B. 付款凭证
    C. 转账凭证　　　　　　　　D. 付款凭证或转账凭证

44. 会计机构和会计人员对不真实、不合法的原始凭证和违法收支，应当（　　）。
    A. 不予接受　　　　　　　　B. 予以退回

C．予以纠正   D．不予接受，并向单位负责人报告

45．发料凭证汇总表是一种（   ）。
     A．一次凭证   B．累计凭证
     C．外来凭证   D．汇总凭证

46．限额领料单是一种（   ）。
     A．一次凭证   B．汇总凭证   C．外来凭证   D．累计凭证

47．职工出差的借款单，按其填制来源属于（   ）。
     A．自制原始凭证   B．外来原始凭证
     C．一次凭证   D．累计凭证

48．对于一些经常重复发生的经济业务，可以根据同类原始凭证编制（   ）。
     A．记账凭证   B．原始凭证汇总表
     C．收料汇总表   D．发料汇总表

49．下列凭证中不能证明经济业务发生并据以编制记账凭证的是（   ）。
     A．供应单位开具的发票   B．收款单位开具的收据
     C．已签字生效的购销合同   D．材料入库单

50．将现金存入银行，按规定应编制（   ）。
     A．现金收款凭证   B．银行存款收款凭证
     C．现金付款凭证   D．银行存款付款凭证

51．记账凭证应根据审核无误的（   ）编制。
     A．收款凭证   B．付款凭证   C．转账凭证   D．原始凭证

52．接收外单位投资的汽车一辆，应填制（   ）。
     A．收款凭证   B．付款凭证   C．转账凭证   D．汇总凭证

53．收款凭证左上角"借方科目"可填列（   ）科目。
     A．银行存款   B．材料采购   C．原材料   D．期间费用

54．根据企业材料仓库保管员填制的发料单或发料凭证汇总表，通常应编制（   ）。
     A．付款凭证   B．原始凭证   C．转账凭证   D．收款凭证

55．会计核算工作的基础环节是（   ）。
     A．填制和审核会计凭证   B．登记会计账簿
     C．进行财产清查   D．编制财务报表

56．下列不能作为记账原始依据的是（   ）。
     A．发票   B．收料单
     C．入库单   D．银行对账单

57．以下项目中，属于一次凭证和累计凭证的主要区别是（   ）。
     A．一次凭证是记载一笔经济业务，累计凭证是记载多笔经济业务
     B．累计凭证是自制原始凭证，一次凭证是外来原始凭证
     C．累计凭证填制的手续是多次完成的，一次凭证填制的手续是一次完成的
     D．累计凭证是汇总凭证，一次凭证是单式凭证

58．下列会计凭证中，只需反映价值量的有（   ）。

A．材料入库单　　　　　　　　　　B．实存账存对比表

C．工资分配汇总表　　　　　　　　D．限额领料单

59．下列不属于原始凭证审核内容的是（　　　）。

A．凭证是否有填制单位的公章和填制人员签章

B．凭证是否符合规定的审核程序

C．凭证是否符合有关计划和预算

D．会计科目使用是否正确

60．如果在业务发生或完成时，因各种原因而未能及时填制凭证的，应以（　　　）为准。

A．业务发生或完成日期　　　　　　B．实际填制日期

C．业务发生日期　　　　　　　　　D．业务完成日期

61．下列记账凭证中，可以不附原始凭证的是（　　　）。

A．所有收款凭证　　　　　　　　　B．所有付款凭证

C．所有转账凭证　　　　　　　　　D．用于结账的记账凭证

62．下列凭证中，既是一次凭证，也是专用凭证的是（　　　）。

A．工资计算表　　　　　　　　　　B．现金收据

C．限额领料单　　　　　　　　　　D．付款通知书

63．下列各项中，不属于原始凭证基本内容的是（　　　）。

A．填制原始凭证的日期　　　　　　B．经济业务内容

C．会计人员记账标记　　　　　　　D．原始凭证附件

64．在会计实务中，记账凭证按其所反映的经济内容不同，可以分为（　　　）。

A．单式凭证和复式凭证　　　　　　B．通用凭证和专用凭证

C．收款凭证、付款凭证和转账凭证　D．一次凭证、累计凭证和汇总凭证

65．审核记账凭证的目的是（　　　）。

A．保证记账凭证及所附原始凭证正确无误

B．保证账实相符

C．保证账表相符

D．保证账证相符

66．将记账凭证分为收款凭证、付款凭证和转账凭证的依据是（　　　）。

A．凭证用途的不同　　　　　　　　B．凭证填制手续的不同

C．记载经济业务内容的不同　　　　D．所包括的会计科目是否单一

67．为了保证会计账簿记录的正确性，会计人员应根据（　　　）及有关资料编制记账凭证。

A．填写齐全的原始凭证　　　　　　B．外来原始凭证

C．审核无误的原始凭证　　　　　　D．盖有填制单位财务公章的原始凭证

68．下列不属于原始凭证的是（　　　）。

A．发货票据　　　　　　　　　　　B．借款借据

C．经济合同　　　　　　　　　　　D．运费结算凭证

69．一般原始凭证若填写出现文字错误时，可采用（　　　）以更正。

A. 红字更正法   B. 画线更正法

C. 补充登记法   D. 蓝字更正法

70. 付款凭证科目借贷对应方式正确的是（　　　）。

    A. 多借多贷   B. 多贷一借   C. 多借一贷   D. 以上全正确

71. 华达公司于 2018 年 10 月 12 日开出一张现金支票，对于出票日期，填写正确的是（　　　）。

    A. 贰零壹捌年壹拾月拾贰日   B. 贰零壹捌年零壹拾月壹拾贰日

    C. 贰零壹捌年拾月壹拾贰日   D. 贰零壹捌年零拾月壹拾贰日

72. 采购材料的发票、支付房租收到的房租收据等，按其来源属于（　　　）。

    A. 自制原始凭证   B. 外来原始凭证

    C. 一次凭证   D. 累计凭证

73. 填制记账凭证时，要求有关人员逐一签章的目的是为了（　　　）。

    A. 明确经济责任   B. 手续齐全

    C. 表明凭证的传递程序   D. 互相制约

74. 下列做法中，符合《会计基础工作规范》规定的是（　　　）。

    A. 自制原始凭证无须经办人签名或盖章

    B. 外来原始凭证金额错误，可在原始凭证上更正但需签名或盖章

    C. 凡是账簿记录金额错误，都可以采用"画线更正法"予以更正

    D. 销售商品 1 000.84 元，销货发票大写金额为：壹仟元零捌角肆分

75. 登记账簿的直接依据是（　　　）。

    A. 经济业务   B. 原始凭证   C. 会计报表   D. 记账凭证

76. 按照记账凭证的审核要求，下列不属于记账凭证审核内容的是（　　　）。

    A. 会计科目使用是否正确

    B. 凭证所列事项是否符合有关的计划和预算

    C. 凭证的金额与所附原始凭证的金额是否一致

    D. 凭证项目是否填写齐全

二、多项选择题

1. 下列人员中，应在收款凭证上签名或盖章的有（　　　）。

    A. 会计主管人员   B. 填制和记账人员

    C. 出纳人员   D. 审核人员

2. 原始凭证作为会计凭证之一，其作用可以是（　　　）。

    A. 记录经济业务   B. 明确经济责任

    C. 作为登账的依据   D. 作为编表的依据

3. 下列各单据中，经审核无误后可以作为编制记账凭证依据的是（　　　）。

    A. 填制完毕的工资计算单   B. 运费发票

    C. 银行转来的进账单   D. 银行转来的对账单

4. 记账凭证审核的主要内容有（　　　）。

A．项目是否齐全   B．科目是否正确

C．内容是否真实   D．数量是否正确

5．以下所列属于原始凭证的有（   ）。

     A．入库单   B．经济合同

     C．生产工序进程单   D．工资费用分配表

6．制造费用分配表属于（   ）。

     A．累计凭证   B．自制原始凭证

     C．一次凭证   D．外来原始凭证

7．收款凭证的借方科目可能是（   ）。

     A．应收账款   B．库存现金   C．银行存款   D．应付账款

8．除（   ）可以不附原始凭证外，其他记账凭证必须附有原始凭证。

     A．转账业务的记账凭证   B．更正错误的记账凭证

     C．结账的记账凭证   D．交易业务的记账凭证

9．记账凭证的填制除必须做到记录真实、内容完整、填制及时、书写清楚外，还必须符合
（   ）等要求。

     A．如有空行，应当在空行处画线注销

     B．发生错误应该按规定的方法更正

     C．必须连续编号

     D．除另有规定外，应该有附件并注明附件张数

10．记账凭证的填制，可以根据（   ）。

     A．每一张原始凭证   B．若干张同类原始凭证

     C．原始凭证汇总表   D．不同内容和类别的原始凭证

11．下列凭证属于外来原始凭证的有（   ）。

     A．付款收据   B．购货发货票

     C．施工单   D．出差人员车票

12．下列原始凭证中，属于单位自制原始凭证的有（   ）。

     A．收料单

     B．限额领料单

     C．销售商品开出的增值税专用发票（记账联）

     D．领料单

13．原始凭证的审核内容包括审核原始凭证的（   ）等方面。

     A．真实性   B．合法性、合理性

     C．正确性、及时性   D．完整性

14．以下各项中，属于原始凭证所必须具备的基本内容有（   ）。

     A．凭证名称、填制日期和编号   B．经济业务内容摘要

     C．对应的记账凭证号数   D．填制、经办人员的签字、盖章

15．下列项目中，属于会计凭证的是（   ）。

     A．供货单位开具的发票   B．领用材料时填制的领料单

C. 付款凭证　　　　　　　　　　　D. 财务部门编制的开支计划

16. 下列说法中正确的有（　　　）。

A. 从个人处取得的原始凭证，必须有填制人员的签名盖章

B. 对于已预先印有编号的原始凭证在写坏时不需进行任何处理，但不得撕毁

C. 外来原始凭证遗失时，只需取得原签发单位盖有公章的证明，可代作原始凭证

D. 会计凭证具有监督经济活动，控制经济运行的作用

17. 以下属于汇总凭证的有（　　　）。

A. 汇总收款凭证　　　　　　　　　B. 收料凭证汇总表

C. 限额领料单　　　　　　　　　　D. 发料凭证汇总表

18. 外来原始凭证一般有（　　　）特征。

A. 从企业外部取得的　　　　　　　B. 由企业会计人员填制的

C. 属于一次凭证的　　　　　　　　D. 盖有填制单位公章的

19. 下列项目中，属于外来原始凭证的是（　　　）。

A. 收款单位开具的收据　　　　　　B. 银行转来的委托收款凭证

C. 购入设备的发票　　　　　　　　D. 材料入库时填的收料单

20. 以下有关会计凭证表述正确的是（　　　）。

A. 会计凭证是记录经济业务的书面证明　B. 会计凭证是明确经济责任的书面文件

C. 会计凭证是编制报表的依据　　　　　D. 会计凭证是登记账簿的依据

21. 会计凭证传递的组织工作主要包括（　　　）方面。

A. 规定保管期限及销毁制度

B. 规定会计凭证的传递路线

C. 制定会计凭证传递过程中的交接签收制度

D. 规定会计凭证在各个环节的停留时间

22. 下列项目中，属于原始凭证和记账凭证共同具备的基本内容的是（　　　）。

A. 凭证的名称及编号　　　　　　　B. 填制凭证的日期

C. 填制及接受单位的名称　　　　　D. 有关人员的签章

23. 下列不属于原始凭证的有（　　　）。

A. 银行存款余额调节表　　　　　　B. 派工单

C. 用人计划表　　　　　　　　　　D. 发货票

24. 专用记账凭证按其所反映的经济业务是否与现金和银行存款有关，通常可以分为（　　　）。

A. 收款凭证　　　　B. 付款凭证　　　　C. 转账凭证　　　　D. 结算凭证

25. 下列人员中，应在记账凭证上签名或盖章的有（　　　）。

A. 审核人员　　　　B. 会计主管人员　　　C. 记账人员　　　　D. 制单人员

26. 按照规定，除（　　　）的记账凭证可以不附原始凭证，其他记账凭证必须附有原始凭证。

A. 提取现金　　　　B. 结账　　　　C. 更正错账　　　　D. 现金存入银行

27. 涉及现金与银行存款之间的划款业务时，可以编制的记账凭证有（　　　）。

A. 银行存款收款凭证　　　　　　B. 银行存款付款凭证

C. 现金收款凭证　　　　　　　　D. 现金付款凭证

28. 收款凭证和付款凭证是用来记录货币资金收付业务的凭证，它们是（　　　）。

　　A. 根据现金和银行存款收付业务的原始凭证填制的

　　B. 登记库存现金日记账、银行存款日记账的依据

　　C. 登记明细账和总账等有关账簿的依据

　　D. 出纳员收付款项的依据

29. 会计凭证是（　　　）。

　　A. 记账、查账的重要依据　　　　B. 记录经济业务的书面依据

　　C. 编制会计报表的直接依据　　　D. 明确经济责任的书面证明

30. 下列项目中符合填制会计凭证要求的是（　　　）。

　　A. 汉字大写金额必须与小写金额相符且填写规范

　　B. 阿拉伯数字连笔书写

　　C. 阿拉伯数字前面的人民币符号写为"¥"

　　D. 大写金额有分的，分字后面不写"整"或"正"字

31. 以下属于单式记账凭证特点的是（　　　）。

　　A. 根据单式记账法编制的记账凭证

　　B. 把经济业务所涉及的每个会计科目分别填列在几张凭证上

　　C. 每个会计科目填列一张记账凭证

　　D. 便于汇总计算每一科目的发生额

32. 在填制记账凭证时，下列做法错误的有（　　　）。

　　A. 将不同类型业务的原始凭证合并编制一张记账凭证

　　B. 一个月内的记账凭证连续编号

　　C. 从银行提取现金时只填制现金收款凭证

　　D. 更正错账的记账凭证可以不附原始凭证

33. 关于原始凭证的填制，下列说法中正确的是（　　　）。

　　A. 不得以虚假的交易或事项为依据填制原始凭证

　　B. 购买实物的原始凭证，必须有验收证明

　　C. 原始凭证应在交易或事项发生或完成时立即填制

　　D. 自制原始凭证必须有经办部门负责人或其指定的人员签名或盖章

34. 会计凭证按其填制程序和用途不同，可分为（　　　）。

　　A. 原始凭证　　　B. 累计凭证　　　C. 转账凭证　　　　D. 记账凭证

三、不定项选择题

1. 在会计实务中，记账凭证按其反映的经济内容不同，可以分为（　　　）。

　　A. 单式凭证和复式凭证　　　　　B. 通用凭证和专用凭证

　　C. 收款凭证、付款凭证和转账凭证　　D. 一次凭证、累计凭证和汇总凭证

2. 会计核算工作的起点是（　　　）。

A. 登记账簿　　　　　　　　　　　B. 成本计算

  C. 填制和审核会计凭证　　　　　　D. 编制会计报表

3. 原始凭证按其来源不同，可分为（　　　　）。

  A. 累计凭证　　　　　　　　　　　B. 自制原始凭证

  C. 外来原始凭证　　　　　　　　　D. 一次凭证

4. 不能作为记账依据的是（　　　　）。

  A. 发货单　　　　B. 经济合同　　　　C. 入库单　　　　D. 收货单

5. 自制原始凭证按填制的手续不同，可分为（　　　　）。

  A. 一次凭证　　　　B. 累计凭证　　　　C. 外来原始凭证　　　　D. 汇总凭证

6. 专用记账凭证分为（　　　　）。

  A. 收款凭证　　　　B. 冲销凭证　　　　C. 付款凭证　　　　D. 转账凭证

7. "耗用材料汇总表"属于（　　　　）。

  A. 转账凭证　　　　B. 一次凭证　　　　C. 累计凭证　　　　D. 汇总凭证

8. 记账凭证按适用的经济业务的不同，可分为（　　　　）。

  A. 专用记账凭证　　　B. 一次凭证　　　C. 通用记账凭证　　　D. 多次凭证

9. 对原始凭证审核的内容有（　　　　）。

  A. 真实性　　　　B. 合理性　　　　C. 及时性　　　　D. 重要性

10. 下列各项中，不属于原始凭证要素的是（　　　　）。

  A. 经济业务发生日期　　　　　　　B. 经济业务内容

  C. 会计人员记账标记　　　　　　　D. 原始凭证附件

11. 企业销售库存商品一批，商品已经发出，货款已存入银行，根据这笔业务的有关原始凭证应该填制的记账凭证是（　　　　）。

  A. 收款凭证　　　　B. 付款凭证　　　　C. 转账凭证　　　　D. 累计凭证

12. 下列各项，属于累计凭证的是（　　　　）。

  A. 工资费用分配表　　　　　　　　B. 领料单

  C. 收料单　　　　　　　　　　　　D. 限额领料单

13. 下列会计记账凭证中，属于自制原始凭证的是（　　　　）。

  A. 工资分配表　　　B. 销货发票　　　C. 购货发票　　　D. 火车票

14. 下列记账凭证可以不附原始凭证的是（　　　　）。

  A. 结账分录　　　　　　　　　　　B. 更正错账的分录

  C. 转账分录　　　　　　　　　　　D. 一般的会计分录

15. 下列属于原始凭证的有（　　　　）。

  A. 制造费用分配表　　　　　　　　B. 工资分配表

  C. 银行收款通知单　　　　　　　　D. 银行对账单

16. 销售商品 50 000 元，当即收到转账支票一张，计 35 000 元，其余暂欠，该笔经济业务应编制（　　　　）。

  A. 一张转账凭证和一张收款凭证　　B. 两张转账凭证

  C. 一张银行收款凭证　　　　　　　D. 一张收款凭证和一张付款凭证

17. 下列原始凭证中，属于汇总凭证的是（　　　）。

    A. 收料单　　　　B. 差旅费报销单　　C. 领料单　　　　　　D. 限额领料单

18. 下列经济业务中，不应填制转账凭证的是（　　　）。

    A. 用银行存款偿还短期借款　　　　　B. 收回应收账款

    C. 用现金支付工资　　　　　　　　　D. 生产领用原材料

19. 下列属于原始凭证的是（　　　）。

    A. 银行存款余额调节表　　　　　　　B. 购货合同书

    C. 银行对账单　　　　　　　　　　　D. 实存账存对比表

四、判断题

1. 外来原始凭证都是一次凭证，自制原始凭证可能是一次凭证，也可能是累计凭证，还可能是汇总凭证。（　　　）

2. 会计凭证按其取得的来源不同，可以分为原始凭证和记账凭证。（　　　）

3. 现金存入银行时，为避免重复记账只编制银行存款收款凭证，不编制现金付款凭证。（　　　）

4. 对于数量过多的原始凭证，可以单独装订保管，但应在记账凭证上注明"附件另订"。（　　　）

5. 复式凭证是指将每一笔经济业务事项所涉及的全部会计科目及其发生额均在同一张记账凭证中反映的一种凭证，该凭证至少涉及 3 个会计科目。（　　　）

6. 转账凭证只登记与货币资金收付无关的经济业务。（　　　）

7. 填制原始凭证，汉字大写金额数字一律用正楷或行书字书写，汉字大写金额数字到元位或角位为止的，后面必须写"正"或"整"，分位后面不写"正"或"整"。（　　　）

8. 由于自制原始凭证的名称、用途、内容、格式不同，因而不需要对其真实性、合法性审核。（　　　）

9. 记账人员根据记账凭证记账后，在"记账符号"栏内做"√"记号，表示该笔金额已记入有关科目，以免漏记或重记。（　　　）

10. 发料凭证汇总表是一种汇总凭证。（　　　）

11. 填制会计凭证，所有以元为单位的阿拉伯数字，除单价等情况外，一律填写到角分；有角无分的，分位应当写"0"或用符号"—"代替。（　　　）

12. 审核无误的原始凭证是登记账簿的直接依据。（　　　）

13. 转账支票大小写金额或收款人姓名填错，如有更改，须在更改处加盖预留银行印鉴章。（　　　）

14. 收付凭证只登记与货币资金收付有关的经济业务。（　　　）

15. 从外部取得的原始凭证，必须盖有填制单位的公章；从个人处取得的原始凭证，不需签名盖章。（　　　）

16. 付款凭证只有在银行存款减少时才填制。（　　　）

17. 已登记入账的记账凭证在当年发生填写错误时，可以用红字填写一张与原内容相同的记账凭证，在摘要栏注明"注销某年某月某日某号凭证"字样。（　　　）

18．记账凭证既是记录经济业务发生和完成情况的书面证明，也是登记账簿的依据。（　　）

19．会计凭证上填写的"人民币"字样或符号"￥"与汉字大写金额数字或阿拉伯金额数字之间应留有空白。（　　）

20．收、付、转凭证都是复式记账凭证。（　　）

21．原始凭证的各项内容均不能涂改。（　　）

22．凭证中最具法律效力的是原始凭证。（　　）

23．原始凭证记载内容有错误的，应当由开具单位重开或更正，并在更正处加盖出具凭证单位印章。（　　）

24．在填制记账凭证时，对于总账科目，可只填科目编号，不填科目名称。（　　）

25．记账凭证可以作为登记账簿的直接依据，原始凭证则不能作为登记账簿的直接依据。（　　）

26．会计档案保管期满后，可由档案管理部门自行销毁。（　　）

27．发票、购货合同、收据等都是原始凭证。（　　）

28．一切外来的原始凭证都是一次凭证。（　　）

29．累计凭证是在一定期间内根据多张相同的原始凭证累计而成的。（　　）

30．各种记账凭证是由会计人员填制的，因而是自制原始凭证。（　　）

31．经过审核无误的原始凭证是编制记账凭证的依据。（　　）

32．从外单位取得的原始凭证遗失时，必须取得原签发单位盖有公章的证明，并注明原始凭证的号码、金额、内容等，由经办单位会计机构负责人、会计主管人员审核签章后，才能代作原始凭证。（　　）

33．记账凭证可以根据若干张原始凭证汇总编制。（　　）

34．企业提交银行的各种结算凭证填错了金额，应采用画线更正法予以纠正，不得随意涂改、刮擦或挖补。（　　）

35．为了简化工作手续，可以将不同内容和类别的原始凭证汇总，填制在一张记账凭证上。（　　）

36．在编制记账凭证时，原始凭证就是记账凭证的附件。（　　）

37．填制和审核会计凭证是一种会计核算的专门方法。（　　）

38．会计凭证传递是指从原始凭证的填制或取得起，到会计凭证归档保管止，在财会部门内部按规定的路线进行传递和处理的程序。（　　）

39．会计部门应于记账之后，定期对各种会计凭证进行分类整理，并将各种记账凭证按编号顺序排列，连同所附的原始凭证一起加具封面，装订成册。（　　）

40．如果原始凭证已预先印定编号，在写坏作废时，应加盖"作废"戳记，妥善保管，不得撕毁。（　　）

41．凡是现金或银行存款增加的经济业务必须填制收款凭证。（　　）

练习六 会 计 账 簿

一、单项选择题

1. 下列明细分类账中，可以采用数量金额式明细分类账的是（　　）。
   - A. 应收账款明细账
   - B. 销售费用明细账
   - C. 原材料明细账
   - D. 财务费用明细账

2. 填制记账凭证时无误，根据记账凭证登记账簿时，将 10 000 元误记为 1 000 元，已登记入账，更正时应采用（　　）。
   - A. 画线更正法
   - B. 红字更正法
   - C. 补充登记法
   - D. 更换账页法

3. 下列明细分类账中，一般不宜采用三栏式账页格式的是（　　）。
   - A. 应收账款明细账
   - B. 应付账款明细账
   - C. 实收资本明细账
   - D. 原材料明细账

4. 根据记账凭证登账，误将 100 元记为 1 000 元，应采用（　　）进行更正。
   - A. 红字更正法
   - B. 补充登记法
   - C. 画线更正法
   - D. 平行登记法

5. 下列说法正确的是（　　）。
   - A. 企业应收、应付账款明细账与对方单位账簿记录核对属于账账核对
   - B. 所有账簿，每年必须更换成新账
   - C. 除结账和更正错账外，一律不得用红色墨水登记账簿
   - D. 账簿记录正确并不一定保证账实相符

6. 会计分录中错用了会计科目并已登记入账，运用下列（　　）方法肯定可以查找出这一错误。
   - A. 顺查法
   - B. 抽查法
   - C. 差额除二法
   - D. 差额除九法

7. 企业临时租入的固定资产应在（　　）中登记。
   - A. 总分类账簿
   - B. 明细分类账簿
   - C. 备查账簿
   - D. 无须在账簿中做任何登记

8. 在登记账簿过程中，每一账页的最后一行及下一页第一行都要办理转页手续，是为了（　　）。
   - A. 便于查账
   - B. 防止遗漏
   - C. 防止隔页
   - D. 保持记录的连续性

9. 记账之后，发现记账凭证中将 16 000 元，误写为 1 500 元，会计科目名称及应记方向无误，应采用的错账更正方法是（　　）。
   - A. 画线更正法
   - B. 红字更正法
   - C. 补充登记法
   - D. 更换账页法

10. 会计人员在记账以后，发现所依据的记账凭证中的应借、应贷会计科目有错误，而且记账凭证中所列金额小于应记金额，该会计人员最好应采用的错账更正方法是（　　）。
    - A. 画线更正法
    - B. 红字更正法
    - C. 补充登记法
    - D. 更换账页法

11．下列账簿中，必须采用订本式账簿的是（　　）。

    A．原材料明细账　　　　　　　　　　B．库存商品明细账

    C．银行存款日记账　　　　　　　　　D．固定资产登记簿

12．企业生产车间因生产产品领用材料 50 000 元，在填制记账凭证时，将借方科目记为"管理费用"并已登记入账，应采用的错账更正方法是（　　）。

    A．画线更正法　　　　　　　　　　　B．红字更正法

    C．补充登记法　　　　　　　　　　　D．重填记账凭证法

13．下列明细账户中，应采用贷方多栏式账页格式的是（　　）。

    A．管理费用　　　　　　　　　　　　B．主营业务收入

    C．本年利润　　　　　　　　　　　　D．应交税费——应交增值税

14．下述各账簿中，必须逐日逐笔登记的是（　　）。

    A．总分类账簿　　B．现金日记账　　C．明细分类账簿　　D．订本式账簿

15．库存商品明细账一般都采用（　　）。

    A．订本账簿　　　　　　　　　　　　B．三栏式账簿

    C．分类账簿　　　　　　　　　　　　D．数量金额式账簿

16．下列明细分类账中，适用于登记材料采购业务的是（　　）。

    A．三栏式明细分类账　　　　　　　　B．多栏式明细分类账

    C．数量金额式明细分类账　　　　　　D．横线登记式明细分类账

17．下列明细账中，既适用于金额核算，又适用于数量核算的是（　　）。

    A．库存商品明细账　　　　　　　　　B．应收账款明细账

    C．实收资本明细账　　　　　　　　　D．制造费用明细账

18．账簿登记完毕，在记账凭证的"记账"栏做出标记，主要是为了（　　）。

    A．便于明确记账责任　　　　　　　　B．避免错行或隔页

    C．避免重记或漏记　　　　　　　　　D．避免凭证丢失

19．下列不属于账账核对的是（　　）。

    A．明细分类账簿之间的核对

    B．总分类账簿与所属明细分类账簿之间的核对

    C．总分类账簿与序时账簿之间的核对

    D．会计账簿与原始凭证之间的核对

20．会计账簿暂由本单位财务会计部门保管（　　），期满之后，由财务会计部门编造清册移交本单位的档案部门保管。

    A．1 年　　　　　　B．3 年　　　　　　C．5 年　　　　　　D．10 年

21．登记会计账簿的依据是（　　）。

    A．经济业务　　　　B．会计凭证　　　　C．会计分录　　　　D．会计科目

22．设置和登记账簿是（　　）的基础。

    A．复式记账　　　　B．填制记账凭证　　C．编制会计分录　　D．编制会计报表

23．会计账簿在会计核算中处于重要地位，是会计核算的（　　）。

    A．首要环节　　　　B．最终环节　　　　C．基础环节　　　　D．中间环节

24．对某些在序时账簿和分类账簿等主要账簿中都不予登记或登记不够详细的经济业务

事项进行补充登记时使用的账簿称为（　　）。

　　A．日记账　　　　B．总分类账簿　　　C．备查账簿　　　　D．联合账簿

25．下列各项中可用来登记现金日记账的是（　　）。

　　A．银行存款收款凭证　　　　　　　B．银行存款付款凭证

　　C．转账凭证　　　　　　　　　　　D．科目汇总表

26．企业开出银行转账支票 1 790 元购买办公用品，编制记账凭证时，误记金额为 1 970 元，科目及方向无误并已记账，应采用的更正方法是（　　）。

　　A．补充登记 180 元　　　　　　　　B．红字冲销 180 元

　　C．在凭证中画线更正　　　　　　　D．把错误凭证撕掉重编

27．下列对账工作中属于账实核对的是（　　）。

　　A．银行存款日记账与银行对账单核对

　　B．总分类账与所属明细分类账核对

　　C．会计部门的材料明细账与材料保管部门的有关明细账核对

　　D．总分类账与日记账核对

28．总分类账户发生额及余额试算表中本期借方发生额合计数等于本期贷方发生额合计数，说明账户发生额记录（　　）。

　　A．肯定有错误　　　　　　　　　　B．肯定没有错误

　　C．肯定有方向记录错误　　　　　　D．可能有错误也可能没有错误

29．下列登账方法中错误的是（　　）。

　　A．依据记账凭证和原始凭证逐日逐笔登记明细账

　　B．依据记账凭证和汇总原始凭证逐日逐笔或定期汇总登记明细账

　　C．依据记账凭证逐笔登记总账

　　D．依据汇总原始凭证定期汇总登记库存现金日记账

30．在账簿的两个基本栏目借方和贷方按需要分别设若干专栏的账簿称为（　　）。

　　A．三栏式账簿　　　　　　　　　　B．多栏式账簿

　　C．数量金额式账簿　　　　　　　　D．横线登记式账簿

31．日记账簿一般采用（　　）形式。

　　A．订本账　　　　B．活页账　　　　C．卡片账　　　　D．横线登记式账

32．下列明细分类账中，一般不宜采用三栏式账页格式的是（　　）。

　　A．生产成本明细账　　　　　　　　B．短期借款明细账

　　C．应收账款明细账　　　　　　　　D．预付账款明细账

33．在启用之前就已将账页装订在一起，并对账页进行了连续编号的账簿称为（　　）。

　　A．订本账　　　　B．活页账　　　　C．卡片账　　　　D．联合账

34．将每一相关的业务登记在一行，从而可依据每一行各个栏目的登记是否齐全来判断该项业务的进展情况的明细分类账格式属于（　　）。

　　A．三栏式　　　　B．多栏式　　　　C．数量金额式　　　　D．横线登记式

35．下列做法中，不符合记账规则的是（　　）。

　　A．登账后在记账凭证中做记账符号"√"

　　B．记账时发生跳行，在该空行处画线注销

C．结出每一账页的发生额合计和余额

    D．使用圆珠笔记账

36．在结账前发现账簿记录有文字或数字错误，而记账凭证没有错误应采用（　　）。

    A．画线更正法   B．红字更正法

    C．补充登记法   D．平行登记法

37．下列项目中，不能作为登记总分类账的依据的是（　　）。

    A．记账凭证   B．原始凭证

    C．科目汇总表   D．汇总记账凭证

38．在记账凭证中填写的会计科目和金额均正确，但借贷方向颠倒的错误，能有效查出此项错误的方法是（　　）。

    A．试算平衡   B．审核会计账簿

    C．审核原始凭证   D．对照原始凭证审核记账凭证

39．下列各账簿中，必须逐日逐笔登记的是（　　）。

    A．库存现金总账   B．银行存款日记账

    C．应收账款明细账   D．应付票据登记簿

40．下列说法中正确的是（　　）。

    A．库存现金付款凭证不能用来作为登记银行存款日记账的依据

    B．登记各种账簿的直接依据只能是记账凭证

    C．库存现金及银行存款日记账的外表形式应采用订本式

    D．总分类账发生额及余额试算平衡表中本期借方发生额合计等于本期贷方发生额合计，说明账户发生额记录肯定没有错误

41．下列无须设置明细科目进行核算的是（　　）。

    A．应付账款   B．实收资本

    C．本年利润   D．原材料

42．对"开出转账支票支付机器设备修理费51 000元"这项业务，若发生记账错误，下列做法中正确的是（　　）。

    A．若编记账凭证时无误，账簿记录中将51 000误记为15 000，应采用补充登记法予以更正

    B．若编记账凭证时将51 000误记为510 000，会计科目正确，且已登记入账，应采用画线更正法予以更正

    C．若编记账凭证时将贷方科目记为"库存现金"，金额记为15 000，且已登记入账，应采用补充登记法予以更正

    D．若编记账凭证时将借方科目记为"制造费用"且已登记入账，应采用红字更正法予以更正

43．从银行提取现金，登记库存现金日记账的依据是（　　）。

    A．库存现金收款凭证   B．银行存款收款凭证

    C．库存现金付款凭证   D．银行存款付款凭证

44．"生产成本"明细账应采用（　　）。

    A．三栏式   B．多栏式

C．数量金额式　　　　　　　　　　D．横线登记式

45．总账及特种日记账的外表形式应采用（　　　）。

A．活页式　　　　　　　　　　　　B．卡片式

C．订本式　　　　　　　　　　　　D．任意外表形式

46．"应交税费——应交增值税"明细账应采用的格式是（　　　）。

A．借方多栏式　　　　　　　　　　B．贷方多栏式

C．借方贷方多栏式　　　　　　　　D．三栏式

47．下列既可以作为登记总账依据，又可以作为登记明细账依据的是（　　　）。

A．记账凭证　　　　　　　　　　　B．汇总记账凭证

C．原始凭证　　　　　　　　　　　D．汇总原始凭证

48．卡片账一般在（　　　）时采用。

A．固定资产总分类核算　　　　　　B．固定资产明细分类核算

C．原材料总分类核算　　　　　　　D．原材料明细分类核算

49．通常采用多栏式账页格式的明细分类账是（　　　）。

A．库存商品明细账　　　　　　　　B．制造费用明细账

C．债权债务明细账　　　　　　　　D．固定资产明细账

50．下列各项目中，属于账账核对的是（　　　）。

A．账簿记录与记账凭证之间的核对

B．现金日记账余额与库存现金之间的核对

C．银行存款日记账余额与银行对账单余额核对

D．会计部门材料明细分类账与保管部门材料明细分类账之间的核对

51．按照经济业务发生或完成时间的先后顺序逐日逐笔进行登记的账簿称为（　　　）。

A．序时账簿　　　　　　　　　　　B．总分类账簿

C．明细分类账簿　　　　　　　　　D．备查账簿

52．编制会计报表的主要依据是（　　　）提供的核算信息。

A．日记账　　　　　　　　　　　　B．分类账簿

C．备查账簿　　　　　　　　　　　D．科目汇总表

53．将账簿划分为序时账簿、分类账簿和备查账簿的依据是（　　　）。

A．账簿的用途　　　　　　　　　　B．账页的格式

C．账簿的外形特征　　　　　　　　D．账簿的性质

54．下列账簿中，必须采用订本式账簿的是（　　　）。

A．原材料明细账　　　　　　　　　B．库存商品明细账

C．银行存款日记账　　　　　　　　D．固定资产登记簿

55．总分类账一般采用的账页格式为（　　　）。

A．两栏式　　　　　　　　　　　　B．三栏式

C．多栏式　　　　　　　　　　　　D．数量金额式

56．收入明细账一般采用的账页格式为（　　　）。

A．两栏式　　　　　　　　　　　　B．三栏式

C．多栏式　　　　　　　　　　　　D．数量金额式

57. 原材料明细账一般采用的账页格式为（　　　）。
　　A. 两栏式　　　　　　　　　　　B. 三栏式
　　C. 多栏式　　　　　　　　　　　D. 数量金额式

58. 企业生产车间因生产产品领用材料 50 000 元，在填制记账凭证时，将借方科目记为"管理费用"并已登记入账，应采用的错账更正方法是（　　　）。
　　A. 画线更正法　　　　　　　　　B. 红字更正法
　　C. 补充登记法　　　　　　　　　D. 重填记账凭证法

59. 下列账簿中，一般采用活页账形式的是（　　　）。
　　A. 日记账　　　　　　　　　　　B. 总分类账
　　C. 明细分类账　　　　　　　　　D. 备查账

60. 账簿中书写的文字和数字一般应占格距的（　　　）。
　　A. 1/3　　　　B. 1/2　　　　C. 2/3　　　　D. 3/4

61. 下列明细分类账中，可以采用数量金额式明细分类账的是（　　　）明细账。
　　A. 应付账款　　　　　　　　　　B. 待摊费用
　　C. 生产成本　　　　　　　　　　D. 库存商品

62. 下列做法中，不符合会计账簿的记账规则的是（　　　）。
　　A. 账簿中书写的文字和数字一般应占格距的 1/2
　　B. 登记后在记账凭证上注明已经登账的符号
　　C. 使用圆珠笔登账
　　D. 按账簿页次顺序连续登记，不得跳行隔页

63. 下列项目中，不属于账实核对内容的是（　　　）。
　　A. 库存现金日记账余额与库存现金数核对
　　B. 银行存款日记账余额与银行对账单余额核对
　　C. 账簿记录与原始凭证核对
　　D. 债权债务明细账余额与对方单位的账面记录核对

64. 下列项目中，属于账证核对内容的是（　　　）。
　　A. 会计账簿与记账凭证核对　　　B. 总分类账簿与所属明细分类账簿核对
　　C. 原始凭证与记账凭证核对　　　D. 银行存款日记账与银行对账单核对

65. 下列错账中，可以采用补充登记法更正的是（　　　）。
　　A. 在结账前发现账簿记录有文字或数字错误，而记账凭证没有错误
　　B. 记账后在当年发现记账凭证所记的会计凭证错误
　　C. 记账后在当年发现记账凭证所记金额大于应记金额
　　D. 记账后发现记账凭证填写的会计科目无误，只是所记金额小于应记金额

66. 下列账簿中，可以跨年度连续使用的是（　　　）。
　　A. 总账　　　　　　　　　　　　B. 备查账
　　C. 日记账　　　　　　　　　　　D. 多数明细账

67. 账簿按（　　　）不同，可分为两栏式账簿、三栏式账簿、多栏式账簿和数量金额式账簿。
　　A. 用途　　　　　　　　　　　　B. 作用

C．账页格式　　　　　　　　　　　D．外形特征

68．账簿按（　　　）不同，可分为订本账、活页账和卡片账。

A．作用　　　　　　　　　　　　　B．账页格式

C．用途　　　　　　　　　　　　　D．外形特征

69．对全部经济业务事项按照会计要素的具体类别而设置的分类账户进行登记的账簿，称为（　　　）。

A．备查账簿　　　　　　　　　　　B．序时账簿

C．分类账簿　　　　　　　　　　　D．三栏式账簿

70．在会计核算工作中，已经确保账簿记录正确无误后，仍不能完全保证账簿记录结果的真实性，其主要原因是还常常会存在（　　　）。

A．计算错误　　　　　　　　　　　B．记账错误

C．账实不符　　　　　　　　　　　D．以上答案均正确

二、多项选择题

1．明细分类账可根据（　　　）登记。

A．记账凭证　　　　　　　　　　　B．原始凭证

C．原始凭证汇总表　　　　　　　　D．科目汇总表

2．以下凭证可能在库存现金日记账的收入栏进行登记的有（　　　）。

A．库存现金收款凭证　　　　　　　B．库存现金付款凭证

C．银行存款收款凭证　　　　　　　D．银行存款付款凭证

3．下列（　　　）明细账既可逐日逐笔登记，也可定期汇总登记。

A．固定资产　　　　　　　　　　　B．库存商品

C．应收账款　　　　　　　　　　　D．管理费用

4．以下账簿需要在每年年初更换新账的有（　　　）。

A．总账　　　　　　　　　　　　　B．库存现金日记账

C．银行存款日记账　　　　　　　　D．固定资产卡片账

5．总分类账户和明细分类账户平行登记，可以概括为（　　　）。

A．登记的依据相同　　　　　　　　B．登记的方向相同

C．登记的人员相同　　　　　　　　D．登记的金额相同

6．以下登记总账的方法中，正确的有（　　　）。

A．根据记账凭证逐笔登记总账

B．根据原始凭证或汇总记账凭证登记总账

C．根据科目汇总表登记总账

D．根据明细账逐笔登记总账

7．下列对账工作中，属于账账核对的有（　　　）。

A．银行存款日记账与银行对账单的核对

B．应收、应付款项明细账与债权债务人账项核对

C．财产物资明细账与财产物资保管明细账核对

D．库存现金日记账余额与库存现金总账余额核对

8．库存现金日记账应根据（　　　　）登记。
　　A．库存现金收款凭证　　　　　　　　B．库存现金付款凭证
　　C．部分银行存款收款凭证　　　　　　D．部分银行存款付款凭证

9．总分类账户与其所属的明细分类账户平行登记的结果，必然是（　　　　）。
　　A．总分类账户期初余额＝所属明细分类账户期初余额之和
　　B．总分类账户期末余额＝所属明细分类账户期末余额之和
　　C．总分类账户本期借方发生额＝所属明细分类账户本期借方发生额之和
　　D．总分类账户本期贷方发生额＝所属明细分类账户本期贷方发生额之和

10．有关总分类账户和明细分类账户的关系，下列表述中正确的有（　　　　）。
　　A．总分类账户对明细分类账户具有统驭控制作用
　　B．明细分类账户对总分类账户具有补充说明作用
　　C．总分类账户与其所属明细分类账户在总金额上应当相等
　　D．总分类账户与明细分类账户提供信息的详细程度不同

11．订本式账簿的主要优点有（　　　　）。
　　A．可以防止账页散失　　　　　　　　B．可以防止任意抽换账页
　　C．可以防止出现记账错误　　　　　　D．可以灵活安排分工记账

12．以下表述正确的有（　　　　）。
　　A．多栏式明细账一般适用于资产类账户
　　B．在会计核算中，一般应通过财产清查进行账实核对
　　C．因记账凭证错误而造成的账簿记录错误，一定采用红字更正法进行更正
　　D．各种日记账、总账及资本、债权债务明细账都可采用三栏式账簿

13．会计账簿按经济用途的不同，可以分为（　　　　）。
　　A．序时账簿　　　　　　　　　　　　B．分类账簿
　　C．联合账簿　　　　　　　　　　　　D．备查账簿

14．下列登记银行存款日记账的方法中正确的有（　　　　）。
　　A．逐日逐笔登记并逐日结出余额
　　B．根据企业在银行开立的账户和币种分别设置日记账
　　C．使用订本账
　　D．业务量少的单位用银行对账单代替日记账

15．关于"平行登记"表述正确的是，对发生的每一项经济业务（　　　　）。
　　A．既要记入有关总账，又要记入有关总账所属的明细账
　　B．登记总账和所属明细账的依据应该相同
　　C．必须在同一天登记总账和所属明细账
　　D．登记总账和所属明细账的借贷方向相同

16．下列各账户中，只需反映金额指标的有（　　　　）。
　　A．"实收资本"账户　　　　　　　　　B．"原材料"账户
　　C．"库存商品"账户　　　　　　　　　D．"短期借款"账户

17．下列各账户中，既要提供金额指标又要提供实物指标的明细分类账户有（　　　　）。

A. "库存商品"账户   B. "原材料"账户

C. "应付账款"账户   D. "应交税费"账户

18. 下列明细分类账中，可以只设置借方多栏的有（　　　　）。

    A. 库存商品明细账   B. 生产成本明细账

    C. 管理费用明细账   D. 制造费用明细账

19. （　　　　）提供的核算信息是编制会计报表的主要依据。

    A. 序时账   B. 总账   C. 明细账   D. 备查账

20. 下列说法中不正确的有（　　　　）。

    A. 日记账必须采用三栏式

    B. 总账最常用的格式为三栏式

    C. 平行式明细账不适用于一次性备用金业务

    D. 银行存款日记账应按企业在银行开立的账户和币种分别设置，每个银行账户设置一本日记账

21. 下列观点中正确的有（　　　　）。

    A. 总分类账户提供总括核算指标

    B. 不是所有账户都需要开设明细分类账户

    C. 明细分类账户提供详细、具体的核算指标

    D. 总账必须采用订本式账簿

22. 以下项目中，可以用询证核对的方法进行清查的有（　　　　）。

    A. 应收款项   B. 应付款项

    C. 银行存款   D. 现金

23. 下列账簿中，可以采用三栏式的有（　　　　）。

    A. 日记账   B. 总分类账

    C. 资本明细账   D. 债权债务明细账

24. 依据《会计法》，对账的内容包括（　　　　）。

    A. 账证核对   B. 账账核对

    C. 账实核对   D. 账表核对

25. 以下内容中，属于对账范围的有（　　　　）。

    A. 账簿记录与有关会计凭证的核对

    B. 库存商品明细账余额与库存商品的核对

    C. 日记账余额与有关总分类账户余额的核对

    D. 账簿记录与报表记录的核对

26. 下列内容中，属于结账工作的有（　　　　）。

    A. 结算有关账户的本期发生额及期末余额

    B. 编制试算平衡表

    C. 清点库存现金

    D. 按照权责发生制对有关账项进行调整

27. 下列明细账中，一般采用多栏式明细分类账的有（　　　　）。

    A. 应收账款明细账   B. 库存商品明细账

C．生产成本明细账　　　　　　　　　D．本年利润明细账

28．必须采用订本式的账簿有（　　　　）。

　　A．银行存款日记账　　　　　　　　B．现金日记账

　　C．总分类账　　　　　　　　　　　D．明细账

29．下列各项中，根据《企业会计制度》，应当建立备查账簿登记的有（　　　　）。

　　A．银行存款　　　　　　　　　　　B．融资租入设备

　　C．经营租入设备　　　　　　　　　D．已贴现应收票据

30．登记账簿的依据可以是（　　　　）。

　　A．原始凭证　　　　　　　　　　　B．记账凭证

　　C．记账凭证汇总表　　　　　　　　D．原始凭证汇总表

31．下列说法正确的有（　　　　）。

　　A．短期借款明细账应采用三栏式账页格式

　　B．应收账款明细账应采用订本式账簿

　　C．多栏式明细账一般适用于成本、费用、收入和利润类的明细账

　　D．对账的内容包括账证核对、账账核对、账实核对

32．下列账簿中，一般采用多栏式的有（　　　　）。

　　A．收入明细账　　　　　　　　　　B．债权明细账

　　C．费用明细账　　　　　　　　　　D．债务明细账

33．库存现金日记账可以采用的账页格式有（　　　　）。

　　A．三栏式　　　　　　　　　　　　B．多栏式

　　C．数量金额式　　　　　　　　　　D．横线登记式

34．银行存款日记账的账页格式，可以采用（　　　　）。

　　A．两栏式　　　　　　　　　　　　B．三栏式

　　C．多栏式　　　　　　　　　　　　D．收支分项多栏式

35．登记会计账簿时应该做到（　　　　）。

　　A．一律使用蓝黑墨水钢笔书写　　　B．月末结账画线可用红色墨水笔

　　C．在某些特定条件下可使用铅笔　　D．在规定范围内可以使用红色墨水

36．各单位账簿设置应遵循（　　　　）的基本原则。

　　A．满足经营管理需要　　　　　　　B．组织科学、严密

　　C．简便、灵活、实用　　　　　　　D．符合单位实际

37．错账更正的方法一般有（　　　　）。

　　A．平行登记法　　　　　　　　　　B．画线更正法

　　C．补充登记法　　　　　　　　　　D．红字更正法

38．下列情况中，可以用红色墨水记账的有（　　　　）。

　　A．在不设借贷等栏的多栏式账页中，登记减少数

　　B．按照红字冲账的记账凭证，冲销错误记录

　　C．在三栏式账户的余额栏前，如未印明余额方向的，在余额栏内登记负数余额

　　D．根据国家统一的会计制度的规定可以用红字登记的会计记录

39．会计账簿的基本内容有（　　　　）。

A．封面　　　　　B．封底　　　　　C．扉页　　　　　D．账页

40．下列对账工作中属于账实核对的是（　　　　）。

    A．现金日记账余额与库存现金核对

    B．银行存款日记账余额与银行对账单余额相核对

    C．"应付账款"各明细账户余额与各债权人寄来的对账单逐一核对

    D．财产物资明细账余额与财产材料实有数相核对

41．下列明细账中，必须逐日逐笔登记的有（　　　　）。

    A．原材料明细账　　　　　　　　　B．应收账款明细账

    C．应付账款明细账　　　　　　　　D．固定资产明细账

42．数量金额式账簿的收入、发出和结存三大栏内，都分设（　　　　）三个小栏。

    A．数量　　　　　B．种类　　　　　C．单价　　　　　D．金额

43．下列不能采用活页式账簿的有（　　　　）。

    A．应收账款明细账　　　　　　　　B．应收账款总账

    C．库存现金日记账　　　　　　　　D．原材料总账

44．明细分类账可以采用的账页格式有（　　　　）。

    A．三栏式　　　　　　　　　　　　B．多栏式

    C．数量金额式　　　　　　　　　　D．横线登记式

45．活页式账簿的主要缺点有（　　　　）。

    A．使用不灵活，不便于分工　　　　B．账页易散失

    C．账页容易被抽换　　　　　　　　D．不能有效防止记账差错

三、不定项选择题

1．银行存款日记账一般为（　　　　）。

    A．三栏式　　　　　B．多栏式　　　　　C．两栏式　　　　　D．四栏式

2．下列明细账中，应采用数量金额式明细分类账的是（　　　　）。

    A．库存商品明细账　　　　　　　　B．包装物明细账

    C．原材料明细账　　　　　　　　　D．管理费用明细账

3．下列账簿中，必须采用订本式账簿的是（　　　　）。

    A．备查账　　　　　　　　　　　　B．应付账款明细账

    C．原材料明细账　　　　　　　　　D．现金和银行存款日记账

4．下列账簿中，可以采用卡片式账簿的是（　　　　）。

    A．固定资产总账　　　　　　　　　B．固定资产明细账

    C．日记总账　　　　　　　　　　　D．日记账

5．下列明细分类账中，可以采用三栏式账页格式的是（　　　　）。

    A．管理费用明细账　　　　　　　　B．原材料明细账

    C．材料采购明细账　　　　　　　　D．应付职工薪酬明细账

6．下列明细分类账，应采用多栏式账页格式的是（　　　　）。

    A．生产成本明细账　　　　　　　　B．原材料明细账

B．其他应收款明细账   D．应收账款明细账

7．账簿按其外形特征的不同，可以分为（   ）。

    A．订本账   B．活页账

    C．序时账   D．卡片账

8．在下列各类错账中，应采用红字更正法进行更正的错账有（   ）。

    A．记账凭证没有错误，但账簿记录有数字错误

    B．因记账凭证中的会计科目有错误而引起的账簿记录错误

    C．记账凭证中的会计科目正确但所记金额大于应记金额所引起的账簿记录错误

    D．记账凭证中的会计科目正确但所记金额小于应记金额所引起的账簿记录错误

9．因记账凭证错误而导致的账簿记录错误，可采用的更正方法有（   ）。

    A．画线更正法   B．差数法

    C．补充登记法   D．红字更正法

10．用红色墨水登记账簿时，适用于下列（   ）。

    A．按照红字冲账的记账凭证，冲销错误记录

    B．在不设借贷栏的多栏式账页中，登记减少额

    C．在期末结账时，用红色墨水画通栏红线

    D．画线更正错账

11．总分类账户与明细分类账户的平行登记，应满足（   ）的要求。

    A．原始依据相同   B．同一个人登记

    C．同金额登记   D．同方向登记

12．对账工作主要包括（   ）。

    A．账证相符   B．账账相符

    C．账实相符   D．账表相符

13．数量金额式明细账的账页适用于（   ）明细账。

    A．库存商品   B．生产成本

    C．应付账款   D．原材料

14．下列各项中，应设置备查账簿进行登记的是（   ）。

    A．经营性租出的固定资产   B．经营性租入的固定资产

    C．无形资产   D．资本公积

15．下列各明细分类账，可以采用定期汇总登记方式的是（   ）。

    A．固定资产   B．预付账款

    C．预收账款   D．库存商品

16．在结账前发现账簿记录有文字或数字错误，而记账凭证没有错误，可以采用（   ）。

    A．画线更正法   B．红字更正法

    C．补充登记法   D．使用褪色药水

17．下列各项中，（   ）的单位适宜设置普通日记账。

    A．规模较大，业务量较多但较为简单

    B．规模较大，业务量较多且较复杂

C．规模较小，业务量较多但较为简单

　　D．规模较小，业务量较少

18．债权债务明细分类账一般采用（　　　　）。

　　A．多栏式账簿　　　　　　　　　　B．数量金额式账簿

　　C．三栏式账簿　　　　　　　　　　D．以上三种都可以

四、判断题

1．登记各种账簿的直接依据只能是记账凭证。　　　　　　　　　　　　（　　　）

2．企业应收应付款明细账与对方单位账户记录核对属于账账核对。　　　（　　　）

3．所有账簿每年必须更换新账。　　　　　　　　　　　　　　　　　（　　　）

4．除结账和更正错账外，一律不得用红色墨水登记账簿。　　　　　　　（　　　）

5．按照平行登记中同时期登记的要求，每项经济业务必须在记入总分类账户的当天记入所属的明细分类账户。　　　　　　　　　　　　　　　　　　　　　　　　（　　　）

6．通过平行登记，可以使总分类账户与其所属明细分类账户保持统驭关系，便于核对与检查，纠正错误与遗漏。　　　　　　　　　　　　　　　　　　　　　　　（　　　）

7．在记账以后，结账之前，如果发现记账凭证和账簿记录的金额大于应记金额，而所用会计科目及记账方向并无错误，可用画线更正法更正。　　　　　　　　　　　（　　　）

8．若记账凭证上应记科目或金额有误且已入账，可以将填错的记账凭证销毁，另填一张正确的记账凭证，并据以登记入账。　　　　　　　　　　　　　　　　　　（　　　）

9．各种日记账、总账以及资本、债权债务明细账都可采用三栏式账簿。　（　　　）

10．多栏式明细账一般适用于资产类账户。　　　　　　　　　　　　　（　　　）

11．在账簿记录中有可能出现红字。　　　　　　　　　　　　　　　　（　　　）

12．经过审核无误的会计凭证才能够作为登记账簿的依据。　　　　　　（　　　）

13．设置和登记账簿是编制会计报表的基础，是连接会计凭证与会计报表的中心环节。
　　　　　　　　　　　　　　　　　　　　　　　　　　　　　　　（　　　）

14．应收账款明细账应采用三栏式账页的订本账。　　　　　　　　　　（　　　）

15．总分类账一般采用订本账，明细分类账一般采用活页账。　　　　　（　　　）

16．应收账款明细账户若出现贷方余额，而该账户的余额栏前又未印明余额方向，则应用红字登记其余额。　　　　　　　　　　　　　　　　　　　　　　　　　（　　　）

17．对需按月结计本期发生额，但不需结计本年累计发生额的账户，月末结账时，只需在最后一笔经济业务事项记录之下通栏画单红线，不需要再结计一次余额。　　（　　　）

18．补充登记法一般适用于记账凭证所记会计科目无误，只是所记金额大于应记金额，从而引起的记账错误。　　　　　　　　　　　　　　　　　　　　　　　　（　　　）

19．账簿只是一个外在形式，账户才是它的真实内容。账簿与账户的关系是形式和内容的关系。　　　　　　　　　　　　　　　　　　　　　　　　　　　　　（　　　）

20．三栏式明细分类账适用于只进行金额核算而不需要进行数量核算的明细分类账。
　　　　　　　　　　　　　　　　　　　　　　　　　　　　　　　（　　　）

21．在会计核算中，一般应通过财产清查进行账实核对。　　　　　　　（　　　）

22．由于记账凭证错误而造成的账簿记录错误，应采用画线更正法进行更正。　（　　）

23．会计部门的财产物资明细账期末余额与财产物资使用部门的财产物资明细账期末余额相核对，属于账实核对。　（　　）

24．如果在结账前发现账簿记录有文字或数字错误，而记账凭证没有错误，则可采用画线更正法，也可采用红字更正法。　（　　）

25．总分类账户平时不必每日结出余额，只需每月结出月末余额。　（　　）

26．从银行提取现金应同时编制现金收款凭证和银行存款付款凭证。　（　　）

27．为了保证总账与其所属明细账的记录相符，总账应根据所属明细账记录逐笔或汇总登记。　（　　）

28．会计核算中，红笔一般只在画线、改错、冲账和表示负数金额时使用。　（　　）

29．在借贷记账法下，全部总分类账户的借方发生额合计数等于全部明细分类账户的借方发生额合计数。　（　　）

30．会计人员填制记账凭证时，误将 4 300 元记为 3 400 元，科目及方向无误，且已登记入账。月末结账之前发现这一错误，可以采用画线更正法进行错账更正。　（　　）

31．原材料明细账应采用数量金额式的活页账。　（　　）

32．在我国，企业一般只对原材料的明细核算采用卡片账。　（　　）

33．库存现金日记账和银行存款日记账，既可使用订本账，也可使用活页账。　（　　）

34．总分类账提供总括核算资料，所以不是序时登记经济业务的。　（　　）

35．严格地说，卡片账也是一种活页账，只不过它不是装在活页账夹中，而是装在卡片箱内。　（　　）

36．启用会计账簿时，应当在账簿封面上写明单位名称和账簿名称，在账簿扉页上附启用表。　（　　）

37．费用明细账一般采用三栏式账簿。　（　　）

38．总分类账和明细分类账登记的经济业务的内容是相同的，只是详细层次不一样而已。　（　　）

39．序时账和分类账所提供的核算信息是编制会计报表的主要依据。　（　　）

40．对各种明细账除可采用活页账外表形式外，还可采用卡片账外表形式。　（　　）

41．会计人员在记账以后，若发现所依据的记账凭证中的应借、应贷会计科目有错误，则不论金额多记还是少记，均采用红字更正法进行更正。　（　　）

42．采用订本式账簿，既可以避免账页散失和防止抽换账页，又便于记账人员分工。　（　　）

43．备查账簿不必每年更换新账，可以连续使用。　（　　）

44．主要账簿中不予登记或登记不详细的经济业务，可以在备查账簿中予以登记。　（　　）

45．红字更正法适用于记账凭证所记会计科目错误，或者会计科目无误而所记金额大于应记金额所引起的记账错误。　（　　）

46．"生产成本"账户月末如有余额，表示企业期末有在产品，因而该账户进行明细分类核算时既要提供实物指标又要提供金额指标，应选用数量金额式账页登记。　（　　）

47. 库存现金日记账的账页格式均为三栏式，而且必须使用订本账。 （　　）

48. 登记账簿要用蓝黑墨水或碳素墨水书写，不得使用铅笔书写，可使用钢笔或圆珠笔书写。 （　　）

49. 横线登记式明细分类账一般适用于登记材料采购业务、应收票据和一次性备用金业务。
（　　）

50. 每年年初，除了少数明细账不必更换新账外，总账、日记账和大部分明细账，都必须更换新账。 （　　）

51. 为了及时编制会计报表，企业、单位均可以提前结账。 （　　）

52. 活页账无论是在账簿登记完毕之前还是之后，账页都不固定装订在一起，而是装在活页账夹中。 （　　）

53. 总分类账户登记的金额与其所属明细分类账户登记金额的合计数如果相符，则说明账簿登记工作无差错。 （　　）

54. 账簿中的每一账页是账户的存在形式和载体，而账户是账簿的具体内容，因此账户与账簿的关系是形式与内容的关系。 （　　）

55. 凡是只进行金额核算的明细分类账户都应采用三栏式的账页格式。 （　　）

56. 对需要结计本年累计发生额的账户，结计"过次页"的本页合计数应为年初起至本月末止的累计数。 （　　）

57. 日记账应逐日逐笔登记，总账可以逐笔登记，也可以汇总登记。 （　　）

58. 各类账簿都必须直接根据记账凭证登记。 （　　）

59. 每一账页登记完毕结转下页时，应当结出本页合计数及余额，写在本页最后一行和下页第一行有关栏内，并在摘要栏内注明"过次页"和"承前页"字样。 （　　）

60. 如果记账凭证中使用的会计科目名称正确、金额有误，但已登记入账，对此类错误的更正方法应当是：将正确数字与错误数字之间的差额，另编制一张记账凭证，调增金额用蓝字，调减金额用红字。 （　　）

61. 账簿记录正确并不一定保证账实相符。 （　　）

练习七 财产清查

一、单项选择题

1. "待处理财产损溢"科目的贷方余额表示（   ）。
   - A. 等待处理的财产盘盈
   - B. 等待处理的财产盘亏
   - C. 尚待批准处理的财产盘盈数大于尚待批准处理的财产盘亏和毁损数的差额
   - D. 尚待批准处理的财产盘盈数小于尚待批准处理的财产盘亏和毁损数的差额

2. "待处理财产损溢"科目未转销的借方余额表示（   ）。
   - A. 等待处理的财产盘盈
   - B. 等待处理的财产盘亏
   - C. 尚待批准处理的财产盘盈数大于尚待批准处理的财产盘亏和毁损数的差额
   - D. 尚待批准处理的财产盘盈数小于尚待批准处理的财产盘亏和毁损数的差额

3. 对盘亏的固定资产净损失经批准后可计入（   ）科目的借方。
   - A. 制造费用   B. 生产成本   C. 营业外支出   D. 管理费用

4. 银行对账单余额为48 000元，银行已收、企业未收的款项为3 000元，企业已收、银行未收的款项为4 200元，企业已付、银行未付的款项为3 200元，则调整后存款余额为（   ）元。
   - A. 49 000   B. 46 000   C. 47 000   D. 51 000

5. 在实际工作中，企业一般以（   ）作为财产物资的盘存制度。
   - A. 收付实现制   B. 权责发生制   C. 永续盘存制   D. 实地盘存制

6. 库存现金清查的方法是（   ）。
   - A. 核对账目法   B. 实地盘点法   C. 技术推算法   D. 发函询证法

7. 在库存现金清查中，对无法查明原因的长款，经批准应计入（   ）。
   - A. 其他应收款   B. 其他应付款   C. 营业外收入   D. 管理费用

8. 某企业上期发生的库存商品盘亏现查明原因，属于自然损耗，这时应编制的会计分录为（   ）。
   - A. 借：待处理财产损溢
         贷：库存商品
   - B. 借：待处理财产损溢
         贷：管理费用
   - C. 借：管理费用
         贷：待处理财产损溢
   - D. 借：营业外支出
         贷：待处理财产损溢

9. 一般来说，在企业撤销、合并和改变隶属关系时，应对财产进行（   ）。
   - A. 全面清查   B. 局部清查   C. 实地盘点   D. 定期清查

10. 对于大量堆积的煤炭清查，一般采用（   ）进行。
    - A. 实地盘点法   B. 抽查检验法   C. 技术推算法   D. 查询核对法

11．下列记录可以作为调整账面数字的原始凭证的是（　　）。

    A．盘存单
                B．实存账存对比表

    C．银行存款余额调节表
         D．往来款项对账单

12．月末企业银行存款日记账余额为 180 000 元，银行对账单余额为 170 000 元，经过未达账项调节后的余额为 160 000 元，则对账日企业可以动用的银行存款实有数额为（　　）元。

    A．180 000
     B．160 000
     C．170 000
     D．不能确定

13．财产清查中发现账外机器一台，其市场价格为 80 000 元，估计还有六成新，则该固定资产的入账价值为（　　）元。

    A．80 000
     B．48 000
     C．32 000
     D．128 000

14．在财产清查中发现盘亏一台设备，其账面原值为 80 000 元，已提折旧 20 000 元，则该企业记入"待处理财产损溢"科目的金额为（　　）元。

    A．80 000
     B．20 000
     C．60 000
     D．100 000

15．财产物资的经管人员发生变动时，应对其经管的那部分财产物资进行清查，这种财产清查属于（　　）。

    A．全面清查和定期清查
     B．局部清查和定期清查

    C．全面清查和不定期清查
     D．局部清查和不定期清查

16．在银行存款清查中发现的未达账项应编制（　　）来检查调整后的余额是否相等。

    A．对账单
               B．实存账存对比表

    C．盘存单
              D．银行存款余额调节表

17．企业通过实地盘点法先确定期末存货的数量，然后倒挤出本期发出存货的数量，这种处理制度称为（　　）。

    A．权责发生制
             B．收付实现制

    C．账面盘存制
             D．实地盘存制

18．现金出纳每天工作结束前都要将库存现金日记账结清并与库存现金实存数核对，这属于（　　）。

    A．账账核对
    B．账证核对
    C．账实核对
    D．账表核对

19．对实物资产进行清查盘点时，（　　）必须在场。

    A．实物保管员
    B．记账人员
    C．会计主管
    D．单位领导

20．库存现金盘点时发现短缺，则应借记的会计科目是（　　）。

    A．库存现金
               B．其他应付款

    C．待处理财产损溢
          D．其他应收款

21．对企业与其开户银行之间的未达账项进行账务处理的时间是（　　）。

    A．查明未达账项时
         B．收到银行对账单时

    C．编好银行存款余额调节表时
    D．实际收到有关结算凭证时

22．现金出纳人员发生变动时，应对其保管的库存现金进行清查，这种财产清查属于（　　）。

    A．全面清查和定期清查
     B．局部清查和不定期清查

    C．全面清查和不定期清查
     D．局部清查和定期清查

23．银行存款余额调节表中调节后的余额是（　　）。

A．银行存款账面余额

      B．对账单余额与日记账余额的平均数

      C．对账日企业可以动用的银行存款实有数额

      D．银行方面的账面余额

24．以下情况中，宜采用局部清查的有（　　）。

      A．年终决算前   B．企业清产核资时

      C．企业更换财产保管人员时   D．企业改组为股份制试点企业时

25．对财产清查结果进行正确账务处理的主要目的是保证（　　）。

      A．账表相符   B．账账相符   C．账实相符   D．账证相符

26．在记账正确无误的情况下，银行存款日记账与银行对账单二者余额不一致的原因是（　　）引起的。

      A．坏账损失   B．记账方法不一致

      C．记账依据不一致   D．未达账项

27．单位主要领导调离工作前进行的财产清查属于（　　）。

      A．重点清查   B．全面清查   C．局部清查   D．定期清查

28．企业财产清查后，据以填制待处理财产盘盈、盘亏记账凭证的原始凭证是（　　）。

      A．材料入库单   B．盘点单

      C．材料出库单   D．实存账存对比表

29．在财产清查中，实物盘点的结果应如实登记在（　　）上。

      A．盘存单   B．实存账存对比表

      C．对账单   D．盘盈盘亏报告表

30．下列项目会使银行日记账与银行对账单两者余额不一致的有（　　）。

      A．未达账项   B．银行对账单记账有误

      C．单位银行存款日记账记账有误   D．以上三项都有可能

31．对于原材料，库存商品盘点后应编制（　　）。

      A．实存账存对比表   B．盘存单

      C．余额调节表   D．对账单

32．在财产清查中发现库存材料实存数小于账面数，其原因为自然损耗所致，经批准后，会计人员应列作（　　）处理。

      A．增加营业外收入   B．增加管理费用

      C．减少管理费用   D．增加营业外支出

33．库存现金清查盘点时，（　　）必须在场。

      A．记账人员   B．出纳人员   C．单位领导   D．会计主管

34．因企业合并、改制、重组进行的财产清查属于（　　）。

      A．重点清查   B．全面清查   C．局部清查   D．定期清查

35．对各项财产、材料的增减数都须根据有关凭证逐笔或逐日登记有关账簿并随时结出账面余额的方法称为（　　）。

      A．永续盘存制   B．实地盘存制

C. 权责发生制　　　　　　　　　　D. 收付实现制

36. 银行存款日记账余额为 56 000 元，调整前银行已收、企业未收的款项为 2 000 元，企业已收、银行未收的款项为 1 200 元，银行已付、企业未付的款项为 3 000 元，则调整后存款余额为（　　）元。

　　　　A. 56 200　　　　　B. 55 000　　　　　C. 58 000　　　　　D. 51 200

37. 下列项目中清查时应采用实地盘点法的是（　　）。

　　　　A. 应收账款　　　　B. 应付账款　　　　C. 银行存款　　　　　D. 固定资产

38. 采用实地盘存制，平时账簿记录中不能反映（　　）。

　　　　A. 财产物资的增加数　　　　　　　　　B. 财产物资的减少数

　　　　C. 财产物资的增加和减少数　　　　　　D. 财产物资的盘盈数

39. 下列（　　）情况下，应进行局部清查。

　　　　A. 年终决算前　　　　　　　　　　　　B. 单位撤销、合并

　　　　C. 单位改制　　　　　　　　　　　　　D. 更换实物保管员

40. 下列事项中，属于账实核对的是（　　）

　　　　A. 原始凭证和记账凭证的核对

　　　　B. 总分类账与明细分类账的核对

　　　　C. 会计报表与会计账簿的核对

　　　　D. "原材料"科目账面余额与原材料库存数额的核对

41. 对于应收账款进行清查应采用的方法是（　　）。

　　　　A. 技术推算法　　　　　　　　　　　　B. 实地盘点法

　　　　C. 询证核对法　　　　　　　　　　　　D. 抽查法

42. 对银行存款进行清查时，应将（　　）与银行对账单逐笔核对。

　　　　A. 银行存款总账　　　　　　　　　　　B. 银行存款日记账

　　　　C. 银行支票备查簿　　　　　　　　　　D. 库存现金日记账

43. 财产清查是用来检查（　　）的一种专门方法。

　　　　A. 账实是否相符　　　　　　　　　　　B. 账账是否相符

　　　　C. 账表是否相符　　　　　　　　　　　D. 账证是否相符

44. 某企业在遭受洪灾后，对其受损的财产材料进行的清查，属于（　　）。

　　　　A. 局部清查和定期清查　　　　　　　　B. 全面清查和定期清查

　　　　C. 局部清查和不定期清查　　　　　　　D. 全面清查和不定期清查

二、多项选择题

1. "待处理财产损溢"科目借方登记的是（　　）。

　　　　A. 待批准处理的财产盘亏、毁损　　　　B. 经批准转销的财产盘亏、毁损

　　　　C. 待批准处理的财产盘盈　　　　　　　D. 经批准转销的财产盘盈

2. 以下情况可能造成账实不符的有（　　）。

　　　　A. 财产收发计量或检验不准　　　　　　B. 管理不善

　　　　C. 未达账项　　　　　　　　　　　　　D. 账簿记录发生差错

3. 银行存款日记账余额与银行对账单余额不一致，原因可能是（　　　）。

  A. 银行存款日记账有误   B. 银行记账有误

  C. 存在未达账项   D. 存在未付款项

4. 常用的实物财产的清查方法包括（　　　）。

  A. 技术推算法   B. 实地盘点法

  C. 函证核对法   D. 账目核对法

5. 按财产清查的范围和时间的不同，可将财产清查分为（　　　）。

  A. 全面定期清查   B. 全面不定期清查

  C. 局部定期清查   D. 局部不定期清查

6. 财产清查的作用包括（　　　）。

  A. 保护各项财产的安全完整

  B. 保证账簿记录的正确性

  C. 挖掘财产物资的潜力，加速资金周转

  D. 保证会计资料的真实可靠

7. "待处理财产损溢"科目贷方登记的是（　　　）。

  A. 等待批准处理的财产盘亏、毁损 B. 经批准转销的财产盘亏、毁损

  C. 等待批准处理的财产盘盈   D. 经批准转销的财产盘盈

8. 以下情形中，应该对财产进行不定期清查的是（　　　）。

  A. 发现库存现金被盗   B. 与其他企业合并

  C. 年终决算时   D. 自然灾害造成部分财产损失

9. 使企业银行存款日记账的余额小于银行对账单余额的未达账项有（　　　）。

  A. 企业已收款记账而银行尚未收款记账

  B. 企业已付款记账而银行尚未付款记账

  C. 银行已收款记账而企业尚未收款记账

  D. 银行已付款记账而企业尚未付款记账

10. 由于仓库保管员变动对其保管的全部存货进行盘点属于（　　　）。

  A. 定期清查   B. 不定期清查   C. 全面清查   D. 局部清查

11. 以下资产可以采用实地盘点法进行清查的是（　　　）。

  A. 库存现金   B. 原材料   C. 银行存款   D. 固定资产

12. 使企业银行存款日记账的余额大于银行对账单余额的未达账项有（　　　）。

  A. 企业已收款记账而银行尚未收款记账

  B. 企业已付款记账而银行尚未付款记账

  C. 银行已收款记账而企业尚未收款记账

  D. 银行已付款记账而企业尚未付款记账

13. 财产清查按清查的时间可分为（　　　）。

  A. 定期清查   B. 不定期清查   C. 全面清查   D. 局部清查

14. 财产清查中发现账实不符时，可以用来调整账簿记录的原始凭证有（　　　）。

  A. 实存账存对比表   B. 现金盘点报告表

C．盘存单　　　　　　　　　　　　　　D．银行存款余额调节表

15．发生下列（　　　）事项需要对财产物资进行不定期的局部清查。

　　A．库存现金、财产物资保管人员更换时

　　B．企业改变隶属关系时

　　C．发生非常灾害造成财产物资损失时

　　D．企业进行清产核资时

16．下列业务中需要通过"待处理财产损溢"科目核算的有（　　　　）。

　　A．库存现金丢失　　　　　　　　　　　B．原材料盘亏

　　C．发现账外固定资产　　　　　　　　　D．应收账款无法收回

17．与"待处理财产损溢"科目借方发生对应关系的科目可能有（　　　　）。

　　A．原材料　　　　B．固定资产　　　　C．应收账款　　　　D．营业外收入

18．关于银行存款余额调节表，下列说法正确的有（　　　　）。

　　A．调节后的余额表示企业可以实际动用的银行存款数额

　　B．该表是通知银行更正错误的依据

　　C．是更正本单位银行存款日记账记录的依据

　　D．不能够作为调整本单位银行存款日记账记录的原始凭证

19．单位年终决算时进行的清查属于（　　　　）。

　　A．全面清查　　　　　　　　　　　　　B．局部清查

　　C．定期清查　　　　　　　　　　　　　D．不定期清查

20．企业编制银行存款余额调节表，在调整银行存款日记账余额时，应考虑的情况有（　　　）。

　　A．企业已收、银行未收　　　　　　　　B．银行已收、企业未收

　　C．银行已付、企业未付　　　　　　　　D．企业已付、银行未付

21．采用技术推算法清查的实物资产应具备的特点有（　　　　）。

　　A．数量大　　　　　　　　　　　　　　B．逐一清点有困难

　　C．不便于用计量器具计量　　　　　　　D．价值低

22．下列情形中，应该对财产进行全面清查的有（　　　　）。

　　A．年终决算时　　　　　　　　　　　　B．本企业与其他企业合并时

　　C．本企业破产时　　　　　　　　　　　D．本企业按规定撤销时

23．财产清查按清查的对象和范围可分为（　　　　）。

　　A．定期清查　　　　B．不定期清查　　　C．全面清查　　　　D．局部清查

24．对于盘亏、毁损的存货，经批准后进行账务处理时，可能涉及的借方科目有（　　　　）。

　　A．其他应收款　　　B．营业外支出　　　C．管理费用　　　　D．原材料

25．下列（　　　）的清查宜采用发函询证的方法。

　　A．应收账款　　　　B．应付账款　　　　C．存货　　　　　　D．预付账款

26．企业实行租赁经营时，为核实自有资产，分清责任所进行的财产清查属于（　　　　）。

　　A．全面清查　　　　B．局部清查　　　　C．定期清查　　　　D．不定期清查

27．现金出纳每天工作结束前都要将库存现金日记账结清并与库存现金实存数核对，这属于（　　　　）。

A．定期清查　　　B．不定期清查　　　C．全面清查　　　D．局部清查

28．财产物资的盘存制度有（　　　　）。

A．权责发生制　　B．收付实现制　　　C．实地盘存制　　D．永续盘存制

三、不定项选择题

1．对各项财产的增减变化，根据会计凭证连续记载并随时结出余额的制度是（　　　　）。

A．实地盘存制　　B．应收应付制　　　C．永续盘存制　　D．现金制

2．对于财产清查中所发现的财产物资盘盈、盘亏和毁损，财会部门进行账务处理依据的原始凭证是（　　　　）。

A．银行存款余额调节表　　　　　　B．实存、账存对比表

C．盘存单　　　　　　　　　　　　D．入库单

3．下列凭证中，不可以作为记账原始依据的是（　　　　）。

A．发货票　　　　　　　　　　　　B．银行存款余额调节表

C．收料单　　　　　　　　　　　　D．差旅费报销单

4．某企业期末银行存款日记账余额为 80 000 元，银行送来的对账单余额为 82 425 元，经对未达账项调节后的余额为 83 925 元，则该企业在银行的实有存款是（　　　　）元。

A．82 425　　　B．80 000　　　C．83 925　　　D．24 250

5．下列财产物资中，可以采用技术推算法进行清查的是（　　　　）。

A．库存现金　　B．固定资产　　　C．煤炭等大宗材料　　D．应收账款

6．下列情况中，适合采用局部清查法进行财产清查的是（　　　　）。

A．年终决算时　　　　　　　　　　B．进行清产核资时

C．企业合并时　　　　　　　　　　D．对现金和银行存款进行清查时

7．永续盘存制的主要优点有（　　　　）。

A．既记录财产物资的增加，又记录其减少

B．能随时结出账面余额

C．便于加强企业财产物资的管理

D．只记录增加，不记录减少

8．下列说法正确的有（　　　　）。

A．库存现金清查的主要方法是实地盘点

B．出纳人员只需在每月结账后对现金进行盘点

C．盘点时，要清点库存现金实存数并与现金日记账核对

D．盘点时，要注意有无以白条抵充现金的现象

9．下列项目的清查应采用向有关单位发函询证核对账目的方法的是（　　　　）。

A．原材料　　　B．应收账款　　　C．实收资本　　　D．短期投资

10．采用永续盘存制，平时对财产物资账簿的登记方法应该是（　　　　）。

A．只登记增加，不登记减少　　　　B．只登记增加，随时倒挤算出减少

C．既登记增加，又登记减少　　　　D．只登记减少，不登记增加

11．某企业在遭受洪灾后，对其受损的财产物资进行的清查属于（　　　　）。

A. 局部清查和定期清查　　　　B. 全面清查和定期清查

C. 局部清查或不定期清查　　　　D. 全面清查和不定期清查

12. 月末企业银行存款的实际可用余额应是（　　　　）。

    A. 银行对账单上所列余额

    B. 银行存款日记账余额

    C. 用冲销法编制的"银行存款调节表"中的调节后余额

    D. 用补入法编制的"银行存款调节表"中的调节后余额

四、判断题

1. 对于各种未达账项，会计人员应根据银行存款余额调节表登记入账。（　　　）

2. 实物盘点后，应根据"实存账存对比表"作为调整账面余额记录的原始依据。
（　　　）

3. 对大堆存放比较笨重的实物资产应采用技术推算法进行盘点，确定其实存数。
（　　　）

4. 转销已批准处理的财产盘盈数登记在"待处理财产损溢"科目的贷方。（　　　）

5. 对于盘盈或盘亏的财产物资，需在期末结账前处理完毕，如在期末结账前尚未经批准处理的，等批准后再进行处理。（　　　）

6. 技术推算法是指利用技术方法推算财产物资账存数的方法。（　　　）

7. 未达账项仅仅是指企业未收到凭证而未入账的款项。（　　　）

8. 对应付账款应采用询证核对法进行清查。（　　　）

9. 从财产清查的对象和范围看，全面清查只在年终进行。（　　　）

10. 永续盘存制与实地盘存制都是确定各项实物资产账面结存数量的方法。（　　　）

11. 实地盘存制能随时反映存货的收入、发出和结存动态。（　　　）

12. 财产清查中，对于银行存款、各种往来款项至少每月与银行或有关单位核对。
（　　　）

13. 对于价值低、品种杂、进出频繁的商品或材料应采用实地盘存制核算。
（　　　）

14. 经批准转销固定资产盘亏净损失时，账务处理应借记"营业外支出"科目，贷记"固定资产清理"科目。（　　　）

15. 账实不符是财产管理不善或会计人员水平不高的结果。（　　　）

16. 采用永续盘存制，对财产物资也必须进行定期或不定期的清查盘点。（　　　）

17. 存货清查过程中发现的超定额损耗应计入"营业外支出"科目。（　　　）

18. 对银行存款进行清查时，如果存在账实不符现象，肯定是由未达账项引起的。
（　　　）

19. 全面清查是对企业所有财产物资进行全面的盘点和核对，包括各种在途材料，委托外单位加工、保管的材料。（　　　）

20. 存货盘亏、毁损的净损失一律计入"管理费用"科目。（　　　）

21. 银行存款余额调节表只是为了核对账目，并不能作为调整银行存款账面余额的原始凭证。   （　　）

22．永续盘存制下，可以通过存货明细账的记录随时结出存货的结存数量，故不需要对存货进行盘点。   （　　）

23．先确定期末存货成本，后确定本期发出存货成本的方法，称为永续盘存制。
                                                                （　　）

24．企业对于与外部单位往来款项的清查，一般采取编制对账单寄交给对方单位的方式进行，因此属于账账核对。   （　　）

25．企业采用永续盘存制对存货进行核算时，在期末必须对存货进行实地盘点，否则无法确定本期发出存货成本。   （　　）

26．单位撤销、合并或改变隶属关系，更换财产物资保管人员时，需要进行全面清查。
                                                                （　　）

27．永续盘存制对企业各项财产物资的增减变动，平时只登记增加数，不登记减少数。
                                                                （　　）

28．定期财产清查一般在结账以后进行。   （　　）

29．盘点实物时，发现账面数大于实存数，即为盘盈。   （　　）

30．库存现金清查包括出纳人员每日终了前进行的库存现金账款核对和清查小组进行的定期或不定期的现金盘点、核对。清查小组清查时，出纳人员可以不在场。（　　）

31．企业的银行存款日记账与银行对账单所记的内容是相同的，都是反映企业的银行存款的增减变动情况。   （　　）

32．银行已经付款记账而企业尚未付款记账，会使开户单位银行存款账面余额小于银行对账单的存款余额。   （　　）

33．永续盘存制是以耗计存或以销计存，一般适用于一些价值低、品种杂、进出频繁的商品或材料。   （　　）

34．实物盘点后，应根据"账存实存对比表"作为调整账面余额记录的原始依据。
                                                                （　　）

35．只有在永续盘存制下才可能出现财产的盘盈、盘亏现象。   （　　）

36．对仓库中的所有存货进行盘点属于全面清查。   （　　）

37．无论采用哪种盘存制度，都应对财产物资进行定期或不定期的清查盘点，但清查的目的和作用是不同的。   （　　）

五、业务计算题

1．甲企业在财产清查中，盘盈甲材料600元。后经查明原因，系计量不准确所致，批准做冲减管理费用处理。

2．乙企业在财产清查中，盘亏乙材料1 460元。后经董事长办公会议研究，对盘亏材料批准做如下处理：盘亏中有500元为定额内自然损耗，作为管理费用；有300元为保管不善所致，责成有关责任人赔偿；其余属于自然灾害造成的非常损失，作为营业外支出处理。

3．丙企业在财产清查中，发现账外设备一台，据当前市场情况，估计其价值为8 000元。

4．丁企业在财产清查中，盘亏机器一台，其账面原值为30 000元，已提折旧26 000元。

要求：根据以上资料，编制相关会计分录。

练习八 财务会计报告

一、单项选择题

1. 会计报表是反映各单位在一定时期（　　）的一种报告文件。
   A．财务结构、变现能力　　　　　　　B．经营状况、获利能力
   C．财务状况、经营成果　　　　　　　D．经营状况、变现能力

2. 在编制资产负债表时，下列各项中，应当需要根据其明细科目及"预付账款"科目的余额填列的是（　　）。
   A．应付债券　　　B．应付账款　　　C．实收资本　　　D．存货

3. 下列有关附注的说法，不正确的是（　　）。
   A．附注不属于会计报表的组成部分
   B．附注是对在会计报表中列示项目的描述或明细资料
   C．附注是对未能在会计报表中列示项目的说明
   D．附注是财务会计报告的组成部分

4. H公司年末"应收账款"科目的借方余额为100万元，"预收账款"科目贷方余额为150万元，其中，明细账的借方余额为15万元，贷方余额为165万元。"应收账款"科目对应的"坏账准备"科目期末余额为8万元，该企业年末资产负债表中"应收账款"项目的金额为（　　）万元。
   A．165　　　　　B．150　　　　　C．115　　　　　D．107

5. 会计报表中各项目数字的直接来源是（　　）。
   A．原始凭证　　　B．日记账　　　C．记账凭证　　　D．账簿记录

6. 资产负债表中所有者权益部分是按照（　　）的顺序进行排列的。
   A．实收资本、资本公积、盈余公积、未分配利润
   B．资本公积、实收资本、盈余公积、未分配利润
   C．资本公积、实收资本、未分配利润、盈余公积
   D．实收资本、盈余公积、资本公积、未分配利润

7. 资产负债表中的"存货"项目，应根据（　　）。
   A．"存货"科目的期末借方余额直接填列
   B．"原材料"科目的期末借方余额直接填列
   C．"原材料""生产成本"和"库存商品"等科目的期末借方余额之和填列
   D．"原材料""在产品"和"库存商品"等科目的期末借方余额之和填列

8. 下列各项中，不会影响营业利润金额增减的是（　　）。
   A．税金及附加　　　B．财务费用　　　C．投资收益　　　D．营业外收入

9. 下列直接根据总分类科目余额填列资产负债表项目的有（　　）

A．累计折旧   B．应收账款   C．未分配利润   D．实收资本

10．某企业"应付账款"明细账期末余额情况如下：X 企业贷方余额为 200 000 元，Y 企业借方余额为 180 000 元，Z 企业贷方余额为 300 000 元。假如该企业"预付账款"明细账均为借方余额，则根据以上数据计算的反映在资产负债表上应付账款项目的数额为（　　）元。

    A．680 000   B．320 000   C．500 000   D．80 000

11．下列直接根据总分类科目余额填列资产负债表项目的是（　　）。

    A．固定资产清理 B．应收账款   C．未分配利润   D．存货

12．资产负债表中的各报表项目（　　）。

    A．都按有关科目期末余额直接填列

    B．必须对科目发生额和余额进行分析计算才能填列

    C．应根据有关科目的发生额填列

    D．有的项目可以直接根据科目期末余额填列，有的项目需要根据有关科目期末余额分析填列

13．某企业某年某月末"应收账款"总分类科目的借方余额为 192 000 元，其中"应收账款"明细科目中借方余额合计为 194 000 元，贷方余额合计为 2 000 元，则资产负债表中"应收账款"项目期末数应为（　　）元。

    A．192 000   B．194 000   C．2 000   D．196 000

14．在下列各个会计报表中，属于企业对外的静态报表的是（　　）。

    A．利润表   B．所有者权益变动表

    C．现金流量表   D．资产负债表

15．某年 12 月 31 日编制的利润表中"本期金额"一栏反映了（　　）。

    A．12 月 31 日利润或亏损的形成情况

    B．1 月至 12 月累计利润或亏损的形成情况

    C．12 月份利润或亏损的形成情况

    D．第 4 季度利润或亏损的形成情况

16．在资产负债表中，资产按照其流动性排列时，下列排列方法正确的是（　　）。

    A．存货、无形资产、货币资金、交易性金融资产

    B．交易性金融资产、存货、无形资产、货币资金

    C．无形资产、货币资金、交易性金融资产、存货

    D．货币资金、交易性金融资产、存货、无形资产

17．编制利润表主要是根据（　　）。

    A．资产、负债及所有者权益各科目的本期发生额

    B．资产、负债及所有者权益各科目的期末余额

    C．损益类各科目的本期发生额

    D．损益类各科目的期末余额

18．按照我国现行会计制度规定，企业每个（　　）都要编制资产负债表。

    A．月末   B．季末   C 半年度   D．年末

19．在利润表中，利润总额减去（　　）后，得出净利润。

    A．管理费用、财务费用   B．增值税

C．营业外收支净额　　　　　　　D．所得税费用

20．资产负债表中的资产项目应按其（　　）程度大小顺序排列。

    A．流动性　　　　B．重要性　　　　C．变动性　　　　D．盈利性

21．企业本月利润表中的营业收入为 450 000 元，营业成本为 216 000 元，税金及附加为 9 000 元，管理费用为 10 000 元，财务费用为 5 000 元，销售费用为 8 000 元，则其营业利润为（　　）元。

    A．217 000　　　　B．225 000　　　　C．234 000　　　　D．202 000

22．按照会计报表反映的经济内容分类，资产负债表属于反映（　　）的报表。

    A．某一特定日期的财务状况　　　　B．经营成果

    C．对外报表　　　　　　　　　　　D．月报

23．（　　）是指企业对外提供的反映企业某一特定日期财务状况和某一会计期间经营成果、现金流量情况的书面文件。

    A．资产负债表　　B．利润表　　　　C．会计报表附注　　D．财务会计报告

24．资产负债表的下列项目中，需要根据几个总账科目的期末余额进行汇总填列的是（　　）。

    A．应付职工薪酬　　　　　　　　　B．短期借款

    C．货币资金　　　　　　　　　　　D．资本公积

25．资产负债表中，"应收账款"项目应根据（　　）填列。

    A．"应收账款"总分类科目的期末余额

    B．"应收账款"总分类科目所属各明细分类科目期末借方余额合计数

    C．"应收账款"总分类科目所属各明细分类科目期末贷方余额合计数

    D．"应收账款"和"预收账款"总分类科目所属各明细分类科目期末借方余额的合计数

26．依照我国的会计准则，利润表采用的格式为（　　）。

    A．单步报告式　　B．多步报告式　　C．账户式　　　　D．混合式

27．资产负债表是反映企业（　　）财务状况的会计报表。

    A．某一特定日期　　B．一定时期内　　C．某一年份内　　D．某一月份内

28．会计报表编制的根据是（　　）。

    A．原始凭证　　　　B．记账凭证　　　C．科目汇总表　　D．账簿记录

29．依照我国的会计准则，资产负债表采用的格式为（　　）。

    A．单步报告式　　B．多步报告式　　C．账户式　　　　D．混合式

30．资产负债表中的"应付账款"项目，应（　　）。

    A．直接根据"应付账款"科目的期末贷方余额填列

    B．根据"应付账款"科目的期末贷方余额和"应收账款"科目的期末借方余额计算填列

    C．根据"应付账款"科目的期末贷方余额和"应收账款"科目的期末贷方余额计算填列

    D．根据"应付账款"科目和"预付账款"科目所属相关明细科目的期末贷方余额计算填列

31. "应收账款"科目所属明细科目如有贷方余额,应在资产负债表( )项目中反映。

    A. 预付账款   B. 预收账款   C. 应收账款   D. 应付账款

32. 编制会计报表时,以"资产 = 负债 + 所有者权益"这一会计等式作为编制依据的会计报表是( )。

    A. 利润表   B. 所有者权益变动表

    C. 资产负债表   D. 现金流量表

33. 编制会计报表时,以"收入 - 费用 = 利润"这一会计等式作为编制依据的会计报表是( )。

    A. 利润表   B. 所有者权益变动表

    C. 资产负债表   D. 现金流量表

二、多项选择题

1. 会计报表按其所提供的会计资料的重要程度可分为( )。

    A. 主表   B. 附表   C. 个别会计报表   D. 合并会计报表

2. 资产负债表的数据来源,可以通过( )方式取得。

    A. 根据总账科目余额直接填列   B. 根据总账科目余额计算填列

    C. 根据记账凭证直接填列   D. 根据明细科目余额计算填列

3. 企业会计报表按其编报的时间不同,可分为( )。

    A. 半年度报表   B. 月度报表   C. 季度报表   D. 年度报表

4. 下列项目中,列在资产负债表左方的有( )。

    A. 固定资产   B. 无形资产   C. 非流动资产   D. 流动资产

5. 会计报表按其报送对象进行分类,可分为( )。

    A. 对外会计报表   B. 对内会计报表   C. 个别会计报表   D. 合并会计报表

6. 资产负债表中"预收账款"项目应根据( )总分类科目所属各明细分类科目期末贷方余额合计填列。

    A. 预付账款   B. 应收账款   C. 应付账款   D. 预收账款

7. 下列项目中,列在资产负债表右方的有( )。

    A. 非流动资产   B. 非流动负债   C. 流动负债   D. 所有者权益

8. 以下项目中,会影响营业利润计算的有( )。

    A. 营业外收入   B. 税金及附加   C. 营业成本   D. 销售费用

9. 资产负债表正表的格式,国际上通常有( )。

    A. 单步式   B. 多步式   C. 账户式   D. 报告式

10. 资产负债表的"存货"项目应根据( )总账科目的合计数填列。

    A. 库存商品   B. 原材料   C. 生产成本   D. 库存现金

11. 在编制资产负债表时,应根据总账科目的期末借方余额直接填列的项目有( )。

    A. 固定资产清理   B. 交易性金融资产

    C. 短期借款   D. 应付利息

12. 直接根据总分类科目余额填列的资产负债表项目有 ( )。

    A. 交易性金融资产   B. 固定资产

C．实收资本　　　　　　　　　　　D．短期借款

13．单位编制的财务会计报告应当（　　　　）。

A．真实可靠　　　　　　　　　　　B．相关可比

C．全面完整、编报及时、便于理解　D．符合国家统一的会计制度的有关规定

14．下列各项中，属于资产负债表中"流动负债"项目的有（　　　　）。

A．应付职工薪酬　　　　　　　　　B．应付股利

C．应交税费　　　　　　　　　　　D．应付票据

15．利润表中的"营业收入"项目填列所依据的是（　　　　）。

A．"主营业务收入"发生额　　　　　B．"本年利润"发生额

C．"其他业务收入"发生额　　　　　D．"投资收益"发生额

16．不能直接根据总分类科目余额填列的资产负债表项目有（　　　　）。

A．固定资产原价　　　　　　　　　B．未分配利润

C．存货　　　　　　　　　　　　　D．应收账款

17．下列科目中，可能影响资产负债表中"应付账款"项目金额的有（　　　　）。

A．应收账款　　　B．预收账款　　　C．应付账款　　　D．预付账款

18．资产负债表中"预付账款"项目应根据（　　　　）总分类科目所属各明细分类科目期末借方余额合计填列。

A．预付账款　　　B．应收账款　　　C．应付账款　　　D．预收账款

19．单位编制财务会计报告的主要目的，是为（　　　　）社会公众等财务会计报告的使用者进行决策提供会计信息。

A．投资者　　　　　　　　　　　　B．债权人

C．政府及相关机构　　　　　　　　D．单位管理人员

20．资产负债表中"应收账款"项目应根据（　　　　）之和减去"坏账准备"科目中有关应收账款计提的坏账准备期末余额填列。

A．"应收账款"科目所属明细科目的借方余额

B．"应收账款"科目所属明细科目的贷方余额

C．"应付账款"科目所属明细科目的贷方余额

D．"预收账款"科目所属明细科目的借方余额

21．资产负债表中，（　　　　）项目在经济业务发生相反变化时应用负号表示。

A．应付职工薪酬　　B．应交税费　　　C．应付利息　　　D．应付股利

22．下列影响利润总额计算的项目有（　　　　）。

A．营业收入　　　B．营业外支出　　　C．营业外收入　　　D．投资收益

23．按现行制度规定，企业会计报表主要包括（　　　　）和附注。

A．资产负债表　　　　　　　　　　B．利润表

C．现金流量表　　　　　　　　　　D．所有者权益变动表

24．企业中期财务会计报告至少应当包括（　　　　）。

A．资产负债表　　B．利润表　　　C．现金流量表　　　D．附注

25．会计报表的编制必须做到（　　　　）。

A．数字真实　　　B．计算准确　　　C．内容完整　　　D．编报及时

26. 利润表中的"营业成本"项目填列所依据的是（　　　　）。
    A. "营业外支出"发生额　　　　　　B. "主营业务成本"发生额
    C. "其他业务成本"发生额　　　　　D. "税金及附加"发生额

27. 下列属于利润表提供的信息的有（　　　）。
    A. 实现的营业收入　　　　　　　　B. 发生的营业成本
    C. 营业利润　　　　　　　　　　　D. 企业的利润或亏损总额

28. 下列各项中，属于资产负债表中流动资产项目的有（　　　）。
    A. 货币资金　　　　B. 预收账款　　　　C. 应收账款　　　　D. 存货

29. 编制资产负债表时，需根据有关总账科目期末余额分析、计算填列的项目有
（　　　）。
    A. 货币资金　　　B. 预付账款　　　C. 存货　　　　　D. 短期借款

30. 会计报表按其编制单位不同，可分为（　　　）。
    A. 个别会计报表　　B. 对内会计报表　　C. 合并会计报表　　D. 对外会计报表

三、不定项选择题

1. 某企业"应收账款"明细账借方余额合计为 140 000 元，贷方余额合计为 36 500 元；"预收账款"明细账贷方余额合计为 80 000 元，借方余额合计为 20 000 元；"坏账准备"贷方余额为 340 元，则资产负债表的"应收账款"项目应是（　　　）元。
    A. 140 000　　　　B. 103 160　　　　C. 159 660　　　　D. 123 500

2. 资产负债表中，"应付账款"项目根据（　　　）填列。
    A. 应付账款总账科目期末贷方余额填列
    B. 应付账款明细科目期末贷方余额之和
    C. 预付账款明细科目期末贷方余额之和
    D. 预收账款明细科目期末贷方余额之和

3. 下列各项中，属于中期财务会计报告的有（　　　）。
    A. 月度财务会计报告　　　　　　　B. 季度财务会计报告
    C. 半年度财务会计报告　　　　　　D. 年度财务会计报告

4. 按照《企业会计制度》的规定，每月终了都需编制和报送的会计报表有（　　　）。
    A. 资产负债表　　B. 利润表　　　C. 利润分配表　　　D. 现金流量表

5. 下列各项中，属于财务会计报告编制要求的有（　　　）。
    A. 真实可靠　　　B. 相关可比　　　C. 全面完整　　　D. 编报及时

6. 资产负债表"存货"项目的内容有（　　　）。
    A. 生产成本　　B. 原材料　　　C. 材料采购　　　D. 库存商品

7. 下列资产负债表项目中，应根据相应总账科目期末余额直接填列的是（　　　）。
    A. 应交税费　　B. 固定资产　　C. 应付账款　　　D. 货币资金

8. 下列会计报表中，属于不需要对外报送的报表的是（　　　）。
    A. 利润表　　　　　　　　　　　　B. 企业成本报表
    C. 现金流量表　　　　　　　　　　D. 资产负债表

9. 下列资产负债表项目中，根据总账科目余额直接填列的有（　　　）。

A．短期借款　　　B．实收资本　　　C．应收票据　　　D．应收账款

10．下列资产负债表各项目不能以总账余额直接填列的有（　　　）。

A．应收票据　　　B．应收账款　　　C．货币资金　　　D．存货

11．资产负债表的"货币资金"应根据（　　　）科目期末余额的合计数填列。

A．应收票据　　　B．库存现金　　　C．备用金　　　D．银行存款

12．在利润表中，从利润总额中减去（　　　），为企业的净利润。

A．提取公益金　　B．股利分配数　　C．提取的盈余公积　　D．所得税费用

13．资产负债表"应收账款"项目应根据（　　　）分析计算填列。

A．应收账款明细账借方余额　　　　　B．应收账款明细账贷方余额

C．预收账款明细账借方余额　　　　　D．坏账准备科目贷方余额

14．资产负债表中的"一年内到期的非流动负债"项目应当根据（　　　）贷方余额
分析填列。

A．长期借款　　　B．长期应付款　　C．应付账款　　　D．应付债券

15．下列各项中，影响企业营业利润的项目有（　　　）。

A．销售费用　　　B．管理费用　　　C．投资收益　　　D．所得税费用

16．下列各资产负债表项目中，应根据明细科目余额计算填列的有（　　　）。

A．应收票据　　　B．预收款项　　　C．应收账款　　　D．应付账款

17．某企业"应付账款"科目月末贷方余额40 000元，其中："应付甲公司账款"明细
科目贷方余额35 000元，"应付乙公司账款"明细科目贷方余额5 000元。"预付账款"科目
月末贷方余额30 000元，其中："预付A工厂账款"明细科目贷方余额50 000元；"预付B
工厂账款"明细科目借方余额20 000元。该企业月末资产负债表中"应付账款"项目的金额
为（　　　）元。

A．90 000　　　　B．30 000　　　　C．40 000　　　　D．70 000

四、判断题

1．资产负债表是反映企业一定时期财务状况的报表。　　　　　　　　（　　　）

2．资产负债表是总括反映企业特定日期资产、负债和所有者权益情况的动态报表，通
过它可以了解企业的资产构成、资金的来源构成和企业债务的偿还能力。　（　　　）

3．中期会计报表是指以一年的中间日为资产负债表日编制的会计报表。　（　　　）

4．财务会计报告是指单位根据经过审核的会计账簿记录和有关资料编制并对外提供的
反映单位某一特定日期财务状况和某一会计期间经营成果、现金流量的文件。　（　　　）

5．会计报表按其反映的内容，可以分为动态会计报表和静态会计报表，资产负债表是
反映在某一时期企业财务状况的会计报表。　　　　　　　　　　　　　（　　　）

6．利润表是反映企业一定日期经营状况的会计报表。　　　　　　　　（　　　）

7．资产负债表中资产方的项目是按资产流动性由小到大的顺序排列的。　（　　　）

8．资产负债表中"货币资金"项目，应根据"银行存款"科目的期末余额填列。（　　　）

9．资产负债表中"固定资产"项目，应根据"固定资产"科目余额减去"累计折旧""固
定资产减值准备"等科目的期末余额后的金额填列。　　　　　　　　　（　　　）

10．利润表中"营业成本"项目，反映企业销售产品和提供劳务等主要经营业务的各项销售费用和实际成本。　　　　　　　　　　　　　　　　　　　（　　）

11．会计报表项目数据的直接来源是原始凭证和记账凭证。　　　　　（　　）

12．营业利润扣减掉管理费用、销售费用、财务费用和所得税后得到净利润。（　　）

13．利润表是反映企业一定期间经营成果的会计报表。　　　　　　　（　　）

14．个别会计报表和合并会计报表都是由企业在自身会计核算基础上对账簿记录进行加工而编制的会计报表。　　　　　　　　　　　　　　　　　　　（　　）

15．会计报表按照报送对象不同，可以分为个别会计报表和合并会计报表。（　　）

16．财务会计报告是由单位根据经过审核的会计凭证编制的。　　　　（　　）

17．利润表的格式主要有多步式和单步式两种，我国企业采用的是单步式格式。
　　　　　　　　　　　　　　　　　　　　　　　　　　　　　　　（　　）

18．资产负债表的"期末余额"栏各项目主要是根据总账或有关明细账本期发生额直接填列的。　　　　　　　　　　　　　　　　　　　　　　　　　　（　　）

19．会计报表至少应当包括资产负债表、利润表、现金流量表、所有者权益变动表、附注等部分。　　　　　　　　　　　　　　　　　　　　　　　　　（　　）

20．账户式资产负债表分左右两方，右方为负债及所有者权益项目，一般按求偿权先后顺序排列。　　　　　　　　　　　　　　　　　　　　　　　　　（　　）

21．在资产负债表中，"其他应收款"项目应根据"其他应收款"科目总账余额直接填列。　　　　　　　　　　　　　　　　　　　　　　　　　　　　　（　　）

22．向不同会计资料使用者提供财务会计报告，其编制依据应当一致。（　　）

23．实际工作中，为使会计报表及时报送，企业可以提前结账。　　　（　　）

五、业务计算题

1．大华公司 2020 年 1 月末部分科目余额见表 1-8-1。

表 1-8-1

（单位：元）

科　目	借方余额	贷方余额	科　目	借方余额	贷方余额
库存现金	1 000		固定资产	150 000	
银行存款	200 000		累计折旧		24 000
材料采购	5 000		应付账款		30 000
原材料	10 000		其中：A 公司	20 000	
库存商品	20 000		B 公司		50 000
生产成本	3 000		应付职工薪酬		34 000
应收账款	20 000		实收资本		3 000 000
其中：甲公司	30 000		利润分配		20 000
乙公司		10 000	本年利润		5 000

要求：根据上述资料计算该公司 1 月 31 日资产负债表下列项目的金额。

（1）货币资金＝

（2）存货 ＝

（3）应收账款 ＝

（4）应付账款 ＝

（5）固定资产 ＝

（6）应付职工薪酬 ＝

（7）实收资本 ＝

（8）未分配利润 ＝

2．南京公司 2020 年年末总资产比年初总资产多 90 000 元，年末流动资产是年末流动负债的 5 倍。2020 年年末的资产负债表（简表）见表 1-8-2。

表 1-8-2

资产负债表（简表）

编制单位：南京公司　　　　　　　　　2020 年 12 月 31 日　　　　　　　　　单位：元

资　　产	期　末　数	年　初　数	负债和所有者权益	期　末　数	年　初　数
流动资产：			流动负债：		
货币资金	22 500	27 500	短期借款	11 000	4 500
应收账款	（　　）	57 500	应付账款	（　　）	23 000
预付账款	34 000	27 000	应交税费	17 800	（　　）
存货	72 000	（　　）	流动负债合计	56 800	（　　）
流动资产合计	（　　）	（　　）	非流动负债：		
非流动资产：			长期借款	245 000	160 000
固定资产	（　　）	328 000	所有者权益：		
非流动资产合计	（　　）	（　　）	实收资本（或股本）	231 000	231 000
			盈余公积	（　　）	64 000
			所有者权益合计	（　　）	（　　）
资产总计	（　　）	（　　）	负债和所有者权益总计	（　　）	510 000

要求：填写上表中括号中的数据。

练习九 会计账务处理程序

一、单项选择题

1. 各种会计核算程序的主要区别在于（   ）。
   - A. 登记明细分类账的依据不同
   - B. 登记总分类账的依据不同
   - C. 凭证组织不同
   - D. 账簿组织不同
2. 会计报表是根据（   ）资料编制的。
   - A. 日记账、总账和明细账
   - B. 日记账和明细分类账
   - C. 明细账和总分类账
   - D. 日记账和总分类账
3. 对于汇总记账凭证核算形式，下列说法正确的是（   ）。
   - A. 登记总账的工作量大
   - B. 不能体现账户之间的对应关系
   - C. 明细账与总账无法核对
   - D. 汇总记账凭证的编制较为烦琐
4. 直接根据记账凭证逐笔登记总分类账的账务处理程序是（   ）。
   - A. 记账凭证账务处理程序
   - B. 汇总记账凭证账务处理程序
   - C. 科目汇总表账务处理程序
   - D. 日记总账账务处理程序
5. 下列属于汇总记账凭证账务处理程序优点的是（   ）。
   - A. 便于进行分工核算
   - B. 总分类账户反映较详细
   - C. 简化了编制凭证的工作量
   - D. 便于了解账户间的对应关系
6. 记账凭证账务处理程序的特点是根据记账凭证逐笔登记（   ）。
   - A. 日记账
   - B. 明细分类账
   - C. 总分类账
   - D. 总分类账和明细分类账
7. 编制科目汇总表的直接依据是（   ）。
   - A. 原始凭证
   - B. 汇总原始凭证
   - C. 记账凭证
   - D. 汇总记账凭证
8. 以下项目中，属于科目汇总表账务处理程序缺点的是（   ）。
   - A. 增加了会计核算的账务处理程序
   - B. 增加了登记总分类账的工作量
   - C. 不便于检查核对账目
   - D. 不便于进行试算平衡
9. 下列属于记账凭证账务处理程序优点的是（   ）。
   - A. 总分类账反映较详细
   - B. 减轻了登记总分类账的工作量
   - C. 有利于会计核算的日常分工
   - D. 便于核对账目和进行试算平衡
10. 下列属于科目汇总表账务处理程序优点的是（   ）。
    - A. 便于反映各账户的对应关系
    - B. 便于检查、核对账目
    - C. 便于进行试算平衡
    - D. 便于进行分工核算
11. 汇总记账凭证账务处理程序的适用范围是（   ）。

A．规模较小、业务较少的单位   B．规模较小、业务较多的单位

  C．规模较大、业务较多的单位   D．规模较大、业务较少的单位

12．下列凭证中，不能作为登记总分类账的依据的是（ ）。

  A．记账凭证   B．科目汇总表

  C．汇总记账凭证   D．原始凭证

13．汇总转账凭证是按（ ）科目设置的。

  A．借方   B．贷方   C．借方或贷方   D．借方和贷方

14．关于记账凭证汇总表，下列表述错误的是（ ）。

  A．记账凭证汇总表是一种记账凭证

  B．记账凭证汇总表能起到试算平衡的作用

  C．记账凭证汇总表保留了账户之间的对应关系

  D．记账凭证汇总表可以简化总分类账的登记工作

15．采用记账凭证汇总表核算形式，（ ）是其登记总账的直接依据。

  A．汇总记账凭证   B．科目汇总表

  C．记账凭证   D．原始凭证

16．汇总记账凭证账务处理程序的特点是根据（ ）登记总账。

  A．记账凭证   B．汇总记账凭证

  C．科目汇总表   D．原始凭证

17．汇总转账凭证编制的依据是（ ）。

  A．原始凭证   B．收款凭证   C．付款凭证   D．转账凭证

18．编制汇总记账凭证时，正确的处理方法是（ ）。

  A．汇总付款凭证按库存现金、银行存款账户的借方设置，并按其对应的贷方账户

   归类汇总

  B．汇总收款凭证按库存现金、银行存款账户的贷方设置，并按其对应的借方账户

   归类汇总

  C．汇总转账凭证按每一账户的借方设置，并按其对应的贷方账户归类汇总

  D．汇总转账凭证按每一账户的贷方设置，并按其对应的借方账户归类汇总

19．账务处理程序的核心是（ ）。

  A．凭证组织   B．账簿组织   C．记账程序   D．报表组织

20．汇总记账凭证是根据（ ）编制的。

  A．记账凭证   B．原始凭证

  C．原始凭证汇总表   D．各种总账

21．关于汇总记账凭证会计核算程序，下列说法正确的是（ ）。

  A．汇总付款凭证按库存现金、银行存款账户的借方设置，并按其对应的贷方账户

   归类汇总

  B．汇总收款凭证按库存现金、银行存款账户的借方设置，并按其对应的借方账户

   归类汇总

  C．能反映账户之间的对应关系

  D．能起到试算平衡的作用

22. 关于汇总记账凭证账务处理程序，下列说法中错误的是（　　）。

　　A. 根据记账凭证定期编制汇总记账凭证

　　B. 根据原始凭证或汇总原始凭证登记总账

　　C. 根据汇总记账凭证登记总账

　　D. 汇总转账凭证应当按照每一账户的贷方分别设置，并按其对应的借方账户归类汇总

23. 关于科目汇总表账务处理程序，下列说法中正确的是（　　）。

　　A. 登记总账的直接依据是记账凭证

　　B. 登记总账的直接依据是科目汇总表

　　C. 编制会计报表的直接依据是科目汇总表

　　D. 与记账凭证会计核算程序相比较，增加了一道编制汇总记账凭证的程序

24. 根据科目汇总表登记总账，在简化登记总账工作的同时也起到了（　　）的作用。

　　A. 简化报表的编制　　　　　　　　B. 反映账户对应关系

　　C. 简化明细账工作　　　　　　　　D. 发生额试算平衡

25. 下列属于记账凭证核算程序主要缺点的是（　　）。

　　A. 不能体现账户的对应关系　　　　B. 不便于会计合理分工

　　C. 方法不易掌握　　　　　　　　　D. 登记总账的工作量较大

26. 平时在填制记账凭证时，应尽量使账户的对应关系保持"一借一贷"是（　　）的要求。

　　A. 记账凭证核算形式　　　　　　　B. 科目汇总表核算形式

　　C. 汇总记账凭证核算形式　　　　　D. 多栏式日记账核算形式

27. 平时在填制转账凭证时，应尽量使账户的对应关系保持"一借一贷"或"一贷多借"是（　　）的要求。

　　A. 记账凭证核算形式　　　　　　　B. 科目汇总表核算形式

　　C. 汇总记账凭证核算形式　　　　　D. 多栏式日记账核算形式

28. 汇总收款凭证的借方科目可能是（　　）。

　　A. 库存现金或银行存款　　　　　　B. 生产成本或制造费用

　　C. 固定资产或无形资产　　　　　　D. 短期借款或长期借款

29. 各种账务处理程序的主要区别是（　　）。

　　A. 凭证格式不同　　　　　　　　　B. 设置账户不同

　　C. 程序繁简不同　　　　　　　　　D. 登记总账的依据不同

30. （　　）核算形式是最基本的一种会计核算形式。

　　A. 日记总账　　　　　　　　　　　B. 汇总记账凭证

　　C. 科目汇总表　　　　　　　　　　D. 记账凭证

31. 设计账务处理程序是（　　）的一项重要内容。

　　A. 会计凭证设计　　　　　　　　　B. 会计制度设计

　　C. 会计账簿设计　　　　　　　　　D. 会计报表设计

32. 适用于规模较小、业务量不多的单位的账务处理程序是（　　）。

　　A. 记账凭证账务处理程序　　　　　B. 科目汇总表账务处理程序

　　C. 汇总记账凭证账务处理程序　　　D. 多栏式日记账账务处理程序

33. 科目汇总表定期汇总的是（　　）。

A．每一账户的本期借方发生额　　　　B．每一账户的本期贷方发生额

　　C．每一账户的本期借、贷方发生额　　D．每一账户的本期借、贷方余额

34．汇总记账凭证账务处理程序与科目汇总表账务处理程序的相同点是（　　　）。

　　A．登记总账的依据相同　　　　　　　B．记账凭证的汇总方法相同

　　C．保持了账户间的对应关系　　　　　D．简化了登记总分类账的工作量

35．在各种不同账务处理程序中，不能作为登记总账依据的是（　　　）。

　　A．记账凭证　　　　　　　　　　　　B．汇总记账凭证

　　C．汇总原始凭证　　　　　　　　　　D．科目汇总表

36．记账凭证账务处理程序和汇总记账凭证账务处理程序的主要区别是（　　　）。

　　A．凭证及账簿组织不同　　　　　　　B．记账方法不同

　　C．记账程序不同　　　　　　　　　　D．登记总账的依据和方法不同

二、多项选择题

1．为了便于填制汇总转账凭证，平时填制转账凭证时，应尽可能使账户的对应关系保持（　　　）。

　　A．一借一贷　　　B．一借多贷　　　C．一贷多借　　　D．多借多贷

2．账务处理程序也叫会计核算程序，是指（　　　）相结合的方式。

　　A．会计凭证　　　B．会计账簿　　　C．会计科目　　　D．会计报表

3．记账凭证账务处理程序、汇总记账凭证账务处理程序和科目汇总表账务处理程序应共同遵循的程序有（　　　）。

　　A．根据原始凭证、汇总原始凭证和记账凭证登记各种明细分类账

　　B．根据记账凭证逐笔登记总分类账

　　C．期末，库存现金日记账、银行存款日记账和明细分类账的余额与有关总分类账的余额核对相符

　　D．根据总分类账和明细分类账的记录，编制会计报表

4．下列项目中，科学、合理地选择适用于本单位的账务处理程序的意义包括（　　　）。

　　A．有利于会计工作程序的规范化　　　B．有利于提高会计信息的质量

　　C．有利于增强会计信息的可靠性　　　D．有利于保证会计信息的及时性

5．汇总记账凭证是依据（　　　）编制的。

　　A．收款凭证　　　B．原始凭证　　　C．付款凭证　　　D．转账凭证

6．在汇总记账凭证账务处理程序下，月末应与总账核对的内容有（　　　）。

　　A．银行存款日记账　　　　　　　　　B．会计报表

　　C．明细账　　　　　　　　　　　　　D．记账凭证

7．以下属于汇总记账凭证会计核算程序优点的有（　　　）。

　　A．能保持账户间的对应关系　　　　　B．便于会计核算的日常分工

　　C．能减少登记总账的工作量　　　　　D．能起到入账前的试算平衡作用

8．关于汇总记账凭证的编制，下列表述中正确的有（　　　）。

　　A．汇总收款凭证，应分别按库存现金、银行存款账户的借方设置，并按其对应的贷方账户归类汇总

B．汇总付款凭证，应分别按库存现金、银行存款账户的贷方设置，并按其对应的借方账户归类汇总

  C．汇总收款凭证，应分别按库存现金、银行存款账户的贷方设置，并按其对应的借方账户归类汇总

  D．汇总付款凭证，应分别按库存现金、银行存款账户的借方设置，并按其对应的贷方账户归类汇总

9．关于记账凭证汇总表，下列表述正确的有（　　　　）。

  A．记账凭证汇总表是一种记账凭证

  B．记账凭证汇总表能起到试算平衡的作用

  C．记账凭证汇总表保留了账户之间的对应关系

  D．可以简化总分类账的登记工作

10．在科目汇总表核算程序下，月末应将（　　　　）与总分类账进行核对。

  A．库存现金日记账　　 B．银行存款日记账

  C．明细分类账　　 D．备查账

11．下列属于科目汇总表账务处理程序优点的有（　　　　）。

  A．反映内容详细　　 B．简化总账登记

  C．便于试算平衡　　 D．能反映账户对应关系

12．以下属于记账凭证会计核算程序优点的有（　　　　）。

  A．简单明了、易于理解

  B．总分类账可较详细地记录经济业务发生情况

  C．便于进行会计科目的试算平衡

  D．减轻了登记总分类账的工作量

13．下列不属于科目汇总表账务处理程序优点的有（　　　　）。

  A．便于反映各账户间的对应关系　 B．便于进行试算平衡

  C．便于检查核对账目　　 D．简化登记总账的工作量

14．不同会计核算程序所具有的相同之处有（　　　　）。

  A．编制记账凭证的直接依据相同　 B．编制会计报表的直接依据相同

  C．登记总分类账簿的直接依据相同　D．登记明细分类账簿的直接依据相同

15．下列属于汇总记账凭证会计核算程序特点的有（　　　　）。

  A．根据原始凭证编制汇总原始凭证　B．根据记账凭证定期编制汇总记账凭证

  C．根据记账凭证定期编制科目汇总表　D．根据汇总记账凭证登记总账

16．在科目汇总表账务处理程序下，不能作为登记总账直接依据的有（　　　　）。

  A．原始凭证　　 B．汇总记账凭证

  C．科目汇总表　　 D．记账凭证

17．为便于汇总记账凭证的编制，平时编制记账凭证时，应尽可能避免（　　　　）的账户之间的对应关系。

  A．一借一贷　 B．一借多贷　 C．一贷多借　 D．多借多贷

18．在汇总记账凭证核算形式下，记账凭证可以采用（　　　　）。

  A．通用的统一格式的记账凭证

B. 收款、付款、转账三种专用格式的记账凭证

    C. 数量金额式

    D. 横线登记式

19. 常用的账务处理程序主要有（　　　　）。

    A. 记账凭证账务处理程序　　　　　　B. 汇总记账凭证账务处理程序

    C. 科目汇总表账务处理程序　　　　　　D. 日记总账账务处理程序

20. 下列项目可以根据记账凭证汇总编制的有（　　　　）。

    A. 科目汇总表　　　　　　　　　　　　B. 汇总付款凭证

    C. 发出材料汇总表　　　　　　　　　　D. 汇总转账凭证

21. 适用于生产经营规模较大、业务较多企业的账务处理程序有（　　　　）。

    A. 多栏式日记账账务处理程序　　　　　B. 记账凭证账务处理程序

    C. 汇总记账凭证账务处理程序　　　　　D. 科目汇总表账务处理程序

22. 在各种会计核算形式下，明细分类账可以根据（　　　　）登记。

    A. 原始凭证　　　　　　　　　　　　　B. 记账凭证

    C. 原始凭证汇总表　　　　　　　　　　D. 记账凭证汇总表

23. 对于汇总记账凭证核算形式，下列说法错误的有（　　　　）。

    A. 登记总账的工作量大　　　　　　　　B. 不能体现账户之间的对应关系

    C. 明细账与总账无法核对　　　　　　　D. 汇总记账凭证的编制较为烦琐

24. 不论哪种会计核算组织程序，在编制会计报表之前，都要进行的对账工作有（　　　　）。

    A. 库存现金日记账与总分类账的核对　　B. 银行存款日记账与总分类账的核对

    C. 明细分类账与总分类账的核对　　　　D. 总分类账之间的核对

25. 在常见的会计核算程序中，共同的账务处理工作有（　　　　）。

    A. 均应填制和取得原始凭证　　　　　　B. 均应编制记账凭证

    C. 均应填制汇总记账凭证　　　　　　　D. 均应设置和登记总账

26. 汇总记账凭证的编制应遵循（　　　　）原则。

    A. 汇总收款凭证按库存现金、银行存款账户的借方设置，并按其对应的贷方账户
       归类汇总

    B. 汇总付款凭证按库存现金、银行存款账户的贷方设置，并按其对应的借方账户
       归类汇总

    C. 汇总转账凭证应当按照每一账户的贷方分别设置，并按其对应的借方账户归类汇总

    D. 汇总转账凭证在转账业务不多的单位也可以不编制

27. 账簿组织包括（　　　　）。

    A. 账簿的种类　　　　　　　　　　　　B. 账簿的格式

    C. 账户的名称　　　　　　　　　　　　D. 账簿之间的关系

28. 下列属于记账凭证账务处理程序缺点的有（　　　　）。

    A. 工作量大　　　　　　　　　　　　　B. 不便于分工

    C. 不易反映账户的对应关系　　　　　　D. 不便于试算平衡

29. 在记账凭证核算程序下，不能作为登记总账直接依据的有（　　　　）。

    A. 原始凭证　　　　　　　　　　　　　B. 记账凭证

C．汇总原始凭证　　　　　　　　　D．汇总记账凭证

30．在不同的会计核算程序下，登记总账的依据可以有（　　　　）。

A．记账凭证　　　　　　　　　　　B．汇总记账凭证

C．科目汇总表　　　　　　　　　　D．汇总原始凭证

31．在科目汇总表核算形式下，记账凭证是用来（　　　　）的依据。

A．登记库存现金日记账　　　　　　B．登记总分类账

C．登记明细分类账　　　　　　　　D．编制科目汇总表

三、不定项选择题

1．记账凭证账务处理程序的优点有（　　　　）。

A．登记总分类账的工作量较小

B．账务处理程序简明，容易理解

C．总分类账登记详细，便于查账、对账

D．适用于规模大、业务量多的大型企业

2．关于科目汇总表账务处理程序，下列说法正确的有（　　　　）。

A．可以大大减轻总账的登记工作　　B．可以对发生额进行试算平衡

C．能明确反映账户的对应关系　　　D．适用于规模较大、业务量较多的企业

3．科目汇总表账务处理程序与汇总记账凭证账务处理程序的主要相同之处是（　　　　）。

A．登记总账的依据相同　　　　　　B．记账凭证汇总的方法相同

C．汇总凭证的账务处理程序相同　　D．都需要对记账凭证的资料进行汇总

4．在汇总记账凭证账务处理程序下，会计凭证方面除设置收款凭证、付款凭证、转账凭证外，还应设置（　　　　）。

A．科目汇总表　　B．汇总收款凭证　　C．汇总付款凭证　　D．汇总转账凭证

5．汇总记账凭证账务处理程序的优点有（　　　　）。

A．总分类账的登记工作量相对较小

B．便于会计核算的日常分工

C．便于了解账户之间的对应关系

D．编制汇总转账凭证的工作量较小

6．在各种账务处理程序中，相同的会计账务处理工作有（　　　　）。

A．编制汇总记账凭证　　　　　　　B．登记现金、银行存款日记账

C．登记总分类账和各种明细账　　　D．编制会计报表

7．下列各项中，属于最基本的账务处理程序的是（　　　　）。

A．记账凭证账务处理程序　　　　　B．汇总记账凭证账务处理程序

C．科目汇总表账务处理程序　　　　D．日记总账账务处理程序

8．科目汇总表的特点有（　　　　）。

A．便于用计算机处理　　　　　　　B．根据原始凭证归类编制

C．可作为登记总账的依据　　　　　D．可起试算平衡的作用

9．科目汇总表账务处理程序比记账凭证账务处理程序增设了（　　　　）。

A．原始凭证汇总表　　　　　　　　B．汇总原始凭证

C．科目汇总表　　　　　　　　　　D．汇总记账凭证

10．在各种账务处理程序中，能减少登记总账工作量的是（　　　　）。

　　　　A．记账凭证账务处理程序　　　　　B．日记总账账务处理程序

　　　　C．汇总转账凭证编制法　　　　　　D．科目汇总表编制法

11．在不同账务处理程序下，下列可以作为登记总分类账依据的有（　　　　）。

　　　　A．记账凭证　　　　　　　　　　　B．科目汇总表

　　　　C．汇总记账凭证　　　　　　　　　D．多栏式日记账

12．记账凭证账务处理程序的主要特点是（　　　　）。

　　　　A．根据各种记账凭证编制汇总记账凭证

　　　　B．根据各种记账凭证逐笔登记总分类账

　　　　C．根据各种记账凭证编制科目汇总表

　　　　D．根据各种汇总记账凭证登记总分类账

13．科目汇总表的缺点有（　　　　）。

　　　　A．不能反映账户之间的对应关系　　B．编制科目汇总表的工作量较大

　　　　C．加大了登记总账的工作量　　　　D．不便于查、对账目

14．各种账务处理程序的主要区别在于（　　　　）。

　　　　A．汇总的记账凭证不同　　　　　　B．汇总的凭证格式不同

　　　　C．登记总账的依据不同　　　　　　D．节省工作时间不同

15．会计电算化账务处理程序的特点有（　　　　）。

　　　　A．数据处理一体化　　　　　　　　B．数据信息存放磁盘化

　　　　C．及时性与准确性　　　　　　　　D．查询高速自动化

四、判断题

1．会计核算程序就是指记账程序。　　　　　　　　　　　　　　　　　（　　　）

2．记账凭证账务处理程序的主要特点就是直接根据各种记账凭证登记总账。（　　　）

3．汇总记账凭证账务处理程序适合规模小、业务量少的单位。　　　　　（　　　）

4．汇总记账凭证账务处理程序既能保持账户的对应关系，又能减轻登记总分类账的工作量。　　　　　　　　　　　　　　　　　　　　　　　　　　　　　　（　　　）

5．不同的凭证、账簿组织以及与之相适应的记账程序和方法相结合，构成了不同的账务处理程序。　　　　　　　　　　　　　　　　　　　　　　　　　　　　（　　　）

6．科目汇总表账务处理程序能科学地反映账户的对应关系，且便于账目核对。（　　　）

7．科目汇总表账务处理程序的主要特点是根据记账凭证编制科目汇总表，并根据科目汇总表填制报表。　　　　　　　　　　　　　　　　　　　　　　　　　（　　　）

8．汇总记账凭证既能反映各账户之间的对应关系，又能对一定期间所有账户的发生额起到试算平衡的作用。　　　　　　　　　　　　　　　　　　　　　　　　（　　　）

9．采用科目汇总表核算程序，总账、明细账和日记账都应根据科目汇总表登记。
　　　　　　　　　　　　　　　　　　　　　　　　　　　　　　　　　（　　　）

10．汇总记账凭证账务处理程序就是将各种原始凭证汇总后填制记账凭证，据以登记总账的账务处理程序。　　　　　　　　　　　　　　　　　　　　　　　　（　　　）

11．各种账务处理程序的主要区别在于登记总账的依据不同。（　　）

12．在科目汇总表和总账中，不反映账户的对应关系，因而不便于分析经济业务的来龙去脉，不便于查对账目。（　　）

13．记账凭证是登记各种账簿的唯一依据。（　　）

14．汇总转账凭证按库存现金、银行存款账户的借方设置，并按其对应的贷方账户归类汇总。（　　）

15．记账凭证账务处理程序一般适用于规模小、业务复杂、凭证较多的单位。（　　）

16．各个企业的业务性质、组织规模、管理上的要求不同，企业应根据自身的特点，制定出恰当的会计账务处理程序。（　　）

17．科目汇总表核算形式与汇总记账凭证核算形式的适用范围是完全相同的。（　　）

18．在编制科目汇总表时，为了便于科目归类汇总，要求所有记账凭证中的科目对应关系只能是一个借方科目与一个贷方科目相对应。（　　）

19．库存现金日记账和银行存款日记账不论在何种会计核算形式下，都是根据收款凭证和付款凭证逐日逐笔顺序登记的。（　　）

20．科目汇总表账务处理程序只适用于经济业务不太复杂的中小型单位。（　　）

21．科目汇总表不仅可以减轻登记总分类账的工作量，还可以起到试算平衡的作用，从而保证了登记总账的正确性。（　　）

22．会计报表是根据总分类账、明细分类账和日记账的记录定期编制的。（　　）

23．汇总记账凭证一律按每一账户的借方设置，并按其对应的贷方账户归类汇总。（　　）

24．无论采用哪种会计核算形式，企业编制会计报表的依据都是相同的。（　　）

25．科目汇总表可以反映账户之间的对应关系，但不能起到试算平衡的作用。（　　）

26．各种账务处理程序的不同之处在于登记明细账的直接依据不同。（　　）

27．同一企业可以同时采用几种不同的账务处理程序。（　　）

28．记账凭证核算形式的主要特点是将记账凭证分为收、付、转三种记账凭证。（　　）

29．在各种账务处理程序下，其登记库存现金日记账的直接依据都是相同的。（　　）

30．汇总记账凭证和科目汇总表编制的依据和方法相同。（　　）

31．为了便于填制汇总转账凭证，平时填制转账凭证时，应尽可能使账户的对应关系保持"一借一贷"或"一借多贷"，避免"一贷多借"或"多借多贷"。（　　）

32．企业不论采用哪种会计核算形式，都必须设置日记账、总分类账和明细分类账。（　　）

33．汇总记账凭证账务处理程序的优点在于保持了账户之间的对应关系。（　　）

34．原始凭证可以作为登记各种账簿的直接依据。（　　）

35．各种会计核算形式的共同点之一是编制会计报表的方法相同。（　　）

36．账务处理程序就是指记账程序。（　　）

五、业务计算题

某工业企业 2020 年 6 月 1 ～ 10 日发生下列经济业务：

（1）1 日，从银行提取现金 1 000 元备用。

（2）2 日，从华丰厂购进材料一批，已验收入库，货款 5 000 元，增值税进项税额 650 元，款项尚未支付。

（3）2日，销售给向阳厂A产品一批，货款为10 000元，增值税销项税额1 300元，款项尚未收到。

（4）3日，厂部的王凌出差，借支差旅费500元，以现金付讫。

（5）4日，车间领用甲材料一批，其中用于A产品生产3 000元，用于车间一般消耗500元。

（6）5日，销售给华远公司A产品一批，货款为20 000元，增值税销项税额2 600元，款项尚未收到。

（7）5日，从江南公司购进乙材料一批，货款8 000元，增值税进项税额1 040元，材料未到，款项尚未支付。

（8）6日，厂部李青出差，预借差旅费400元，用现金付讫。

（9）7日，以银行存款5 650元，偿还前欠华丰厂的购料款。

（10）8日，从银行提取现金1 000元备用。

（11）8日，接到银行通知，向阳厂汇来前欠货款11 300元，已收妥入账。

（12）8日，车间领用乙材料一批，其中用于A产品5 000元，用于车间一般消耗1 000元。

（13）9日，以银行存款9 040元偿还前欠江南公司购料款。

（14）10日，接到银行通知，华远公司汇来前欠货款22 600元，已收妥入账。

要求：

（1）根据以上经济业务编制会计分录。

（2）根据所编会计分录编制科目汇总表（表1-9-1）。

表1-9-1

科目汇总表

2020年6月1～10日

会 计 科 目	借 方 金 额	贷 方 金 额
合　　计		

练习十　会　计　档　案

一、单项选择题

1. 原始凭证和记账凭证的保管期限为（　　）。
   A. 5 年　　　　　B. 10 年　　　　　C. 30 年　　　　　D. 永久

2. 会计档案是指记录和反映经济业务事项的重要历史（　　）。
   A. 凭证　　　　　B. 资料和依据　　　C. 资料和证据　　　D. 材料

3. 企业年度财务报告（决算）的保管期限为（　　）。
   A. 5 年　　　　　B. 10 年　　　　　C. 30 年　　　　　D. 永久

4. 其他单位如果因特殊原因需要使用原始凭证时，经本单位负责人批准，（　　）。
   A. 可以借阅　　　　　　　　　　B. 只可以查阅不能复制
   C. 不可查阅或复制　　　　　　　D. 可以查阅或复制

5. 会计档案的保管期限是从（　　）算起。
   A. 会计年度终了后第一天　　　　B. 审计报告之日
   C. 移交档案管理机构之日　　　　D. 会计资料的整理装订日

6. 企业总账的保管期限为（　　）。
   A. 5 年　　　　　　　　　　　　B. 10 年
   C. 30 年　　　　　　　　　　　D. 永久

7. 根据《会计档案管理办法》规定，单位合并后原各单位解散或者一方存续其他方解散的，原各单位的会计档案应当由（　　）统一保管。
   A. 存续方　　　　　　　　　　　B. 档案局
   C. 合并后的单位　　　　　　　　D. 财政部门

8. 其他会计核算资料是指与会计核算、会计监督密切相关，由会计部门负责办理的有关资料，不包括（　　）。
   A. 银行对账单　　　　　　　　　B. 存储在磁性介质上的会计数据
   C. 财务数据统计资料　　　　　　D. 生产计划书

9. 银行存款余额调节表、银行对账单应当保存（　　）。
   A. 5 年　　　　　B. 10 年　　　　　C. 30 年　　　　　D. 永久

10. 企业的库存现金日记账、银行存款日记账的保管期限为（　　）。
    A. 5 年　　　　　B. 10 年　　　　　C. 30 年　　　　　D. 永久

11. 企业月、季度财务报告需要保管的期限为（　　）。
    A. 5 年　　　　　B. 10 年　　　　　C. 30 年　　　　　D. 永久

12. 会计档案保管清册的保管年限为（　　）。
    A. 5 年　　　　　B. 10 年　　　　　C. 30 年　　　　　D. 永久

二、多项选择题

1. 会计档案包括（　　　）。

　　A. 会计凭证　　　　　B. 会计账簿　　　　　C. 财务会计报告　　　D. 其他会计资料

2. 下列会计档案中需要永久保管的有（　　　）。

　　A. 会计档案移交清册　　　　　　　B. 会计档案保管清册

　　C. 库存现金和银行存款日记账　　　D. 年度财务会计报告

3. 会计档案的保管期限分（　　　）。

　　A. 永久　　　　　B. 定期　　　　　C. 临时　　　　　D. 短期

4. 会计档案的定期保管期限可以是（　　　）。

　　A. 5 年　　　　　B. 10 年　　　　　C. 15 年　　　　　D. 30 年

5. 会计档案按会计工作性质分为（　　　）。

　　A. 永久会计档案　　　　　　　　B. 定期会计档案

　　C. 预算会计档案　　　　　　　　D. 公司、企业会计档案

6. 下列属于企业会计档案的有（　　　）。

　　A. 会计移交清册　　　　　　　　B. 固定资产卡片

　　C. 银行对账单　　　　　　　　　D. 月、季度财务报告

7. 会计档案的作用包括（　　　）。

　　A. 查证作用　　　　B. 反映作业　　　C. 监督作用　　　D. 史料作用

8. 下列各项中需要保管 30 年的会计档案有（　　　）。

　　A. 企业的明细账　　　　　　　　B. 纳税申报表

　　C. 会计档案移交清册　　　　　　D. 银行对账单

9. 下列关于会计档案管理的说法中正确的有（　　　）。

　　A. 出纳人员不得监管会计档案

　　B. 会计档案的保管期限，从会计档案形成后的第一天算起

　　C. 单位负责人应在会计档案销毁清册上签署意见

　　D. 采用计算机进行会计核算的单位，应保存打印出的纸质会计档案

10. 按照《会计档案管理办法》的规定，下列说法中正确的有（　　　）。

　　A. 会计档案的保管期限分为 5 年、10 年、30 年

　　B. 单位合并后原各单位仍存续的，其会计档案仍应由原各单位保管

　　C. 一般企事业单位的会计档案销毁时，应由单位档案机构和会计机构共同派员监销

　　D. 我国境内所有单位的会计档案不得携带出境

三、不定项选择题

1. 下列会计档案中不需要永久保存的有（　　　）。

　　A. 会计移交清册　　　　　　　　B. 会计档案保管清册

　　C. 现金和银行存款日记账　　　　D. 年度决算会计报表

2. 会计档案的保管期限和销毁办法，由（　　）制定。

    A. 国务院　　　　　　　　　　　　　B. 财政部门

    C. 国务院财政部门会同有关部门　　　D. 国家档案局

3. 保管期满，不得销毁的会计档案有（　　）。

    A. 未结清的债权债务原始凭证

    B. 正在建设期间的建设单位的有关会计档案

    C. 超过保管期限但尚未报废的固定资产购买凭证

    D. 银行存款余额调节表

4. 当年形成的会计档案可暂由会计机构保管（　　）后移交到会计档案管理机构。

    A. 3 个月　　　　B. 半年　　　　C. 1 年　　　　D. 2 年

5. 会计档案销毁清册中应列明所销毁会计档案的（　　）等内容。

    A. 起止年度和档案编号　　　　B. 应保管期限

    C. 已保管期限　　　　　　　　D. 销毁时间

6. 固定资产卡片的保管期限为（　　）。

    A. 固定资产报废清理时　　　　　B. 固定资产报废清理后保管 10 年

    C. 固定资产报废清理后保管 5 年　D. 固定资产报废清理后保管 3 年

7. 国家机关销毁会计档案，应由（　　）派员监销。

    A. 单位档案机构　　　　B. 同级财政、审计部门

    C. 单位会计机构　　　　D. 上级财政、审计部门

8. 下列选项中属于其他会计资料类会计档案的有（　　）。

    A. 会计档案移交清册　　　　B. 银行对账单

    C. 会计档案销毁清册　　　　D. 银行存款余额调节表

9. 下列企业会计档案中，保管期限为 10 年的有（　　）。

    A. 月度、季度、半年度财务会计报告　B. 银行存款余额调节表

    C. 银行对账单　　　　　　　　　　　D. 纳税申报表

四、判断题

1. 会计档案的保管期限分为永久保管和定期保管两种，其中定期保管又分为 10 年和 30 年。　　　　　　　　　　　　　　　　　　　　　　　　　　　　　（　　）

2. 会计档案定期保管的期限应为 10 ～ 30 年。　　　　　　　　　　　　（　　）

3. 会计档案保管清册保管期限为 30 年。　　　　　　　　　　　　　　　（　　）

4. 企业会计账簿中的总账应当保管 30 年。　　　　　　　　　　　　　　（　　）

5. 企业和其他组织的银行存款余额调节表、银行对账单和固定资产报废清理后的固定资产卡片等会计档案保管期限应当为 10 年。　　　　　　　　　　　　（　　）

6. 当年形成的会计档案，在会计年度终了后，可暂由本单位会计机构保管 1 年。

                                                  （　　）

7. 我国境内所有单位的会计档案均不得携带出境。　　　　　　　　　　（　　）

8. 企业年度会计决算（包括文字分析）保管期限为永久。　　　　　　　（　　）

9. 实行会计电算化的单位，有关电子数据、会计软件资料等应当作为会计档案进行管理。
（　　）

10. 会计档案是指会计凭证、会计账簿和财务会计报告等会计核算专业资料。（　　）

11. 财会部门或经办人，必须在会计年度终了后的第一天，将应当归档的会计档案全部移交档案部门，并保证会计档案齐全完整。（　　）

12. 单位负责人应在会计档案销毁清册上签署意见。（　　）

13. 各种会计档案的保管期限，根据其特点，分为长期和定期两类。（　　）

14. 各种会计档案的保管期限，从会计年度开始后的第一天算起。（　　）

15. 库存现金和银行存款日记账保管期限为10年。（　　）

16. 各单位保存的会计档案如有特殊需要，经本单位负责人批准后，可以提供查阅或复制，并办理登记手续。（　　）

17. 各单位的会计档案不得借出，但经批准后可以复制。（　　）

18. 销毁会计档案时，应由单位档案机构和会计机构共同派员监销。（　　）

19. 保管期满但尚未结清的债权债务原始凭证，不得销毁，应单独抽出立卷。（　　）

20. 银行存款余额调节表、对账单是会计档案。（　　）

第二部分

会计模拟实训

实训一　财会数字书写

一、实训目的

财会数字书写是会计的一项基本技能，书写规范与否直接关系到整个会计工作的质量。本实训的目的是使学生熟练掌握阿拉伯数字和中文大写数字的标准写法，做到书写规范、清晰流畅。

二、书写规范指导

财会数字书写的内容包括阿拉伯数字的书写和中文大写数字的书写。

（一）阿拉伯数字的书写要求

1．进行一组阿拉伯数字的书写时，上端向右倾斜30°左右，并保持各个数字的倾斜度一致，这样才自然美观。

2．除6、7、9外，其他数字应高低一致。"6"的上端可以比其他数字高约1/4，下端与其他数字一致。"7"和"9"的上端可以比其他数字低约1/4，下端可以比其他数字伸出约1/4。其他数字书写高低和大小要一致，排列整齐。

3．数字书写时高度不超过账表行格的1/2。数字过大不美观，写错时也无法更正；数字过小字迹可能不清晰因而影响阅读。要灵活掌握数字的大小，账表行格较小时书写高度为账表的1/2为宜，账表行格较大时书写高度为账表行格的1/3或1/4。

4．紧靠账表行格底线。阿拉伯数字不能写在行格的中间，要紧靠账表行格底线。除"7"和"9"可以向下伸出行格约1/4外，其他数字一律靠在账表行格底线上。

5．同数位对齐。在印有金额线的会计凭证、会计账簿、会计报表上，每一个格只写一个数字，不得将几个数字挤在一个格子里，也不得在数字中间留有空格。如果没有账格数位线，数字书写时要同数位对齐，即个位对个位、百位对百位书写。数字书写整数部分，可以从小数点向左按"三位一节"用"，"分开或空一个位置，以便于读数和汇总计算。

阿拉伯数字手写体如图2-1-1所示。

图2-1-1　阿拉伯数字手写体

（二）中文大写数字书写要求

1．中文大写金额数字应用正楷或行书填写，如壹、贰、叁、肆、伍、陆、柒、捌、玖、拾、佰、仟、万、亿、元、角、分、零、整（正）等字样。不得用一、二（两）、三、四、五、六、七、八、九、十、念、毛、另（或〇）填写，不得自造简化字。

2. 中文大写金额数字到"元"为止的，在"元"之后，应写"整"（或"正"）字，在"角"之后可以不写"整"（或"正"）字。数字有"分"的，"分"后面不写"整"（或"正"）字。

3. 中文大写金额数字前应标明"人民币"字样，大写金额数字应紧接"人民币"字样填写，不得留有空白。大写金额数字前未印"人民币"字样的，应加填"人民币"三字。在票据和结算凭证大写金额栏内不得预印固定的"仟、佰、拾、万、仟、佰、拾、元、角、分"字样。

4. 阿拉伯数字中有"0"时，中文大写应按照汉语语言规律、金额数字构成和防止涂改的要求进行书写。

（1）阿拉伯数字中间有"0"时，中文大写金额中要写"零"字。如¥1409.50，应写为"人民币壹仟肆佰零玖元伍角"。

（2）阿拉伯数字中间连续有几个"0"时，中文大写金额数字中间可以只写一个"零"字。如¥6007.14，应写为"人民币陆仟零柒元壹角肆分"。

（3）阿拉伯数字万位或元位是"0"，或者数字中间连续有几个"0"，万位、元位也是"0"，但千位、角位不是"0"时，中文大写金额中可以只写一个"零"字，也可以不写"零"字。如¥1680.32，应写为"人民币壹仟陆佰捌拾元零叁角贰分"，或者写为"人民币壹仟陆佰捌拾元叁角贰分"；又如¥107000.53，应写为"人民币壹拾万柒仟元零伍角叁分"，或者写为"人民币壹拾万零柒仟元伍角叁分"。

（4）阿拉伯数字角位是"0"，而分位不是"0"时，中文大写金额"元"后面应写"零"字。如¥16409.02，应写为"人民币壹万陆仟肆佰零玖元零贰分"；又如¥325.04，应写为"人民币叁佰贰拾伍元零肆分"。

5. 阿拉伯数字前面，均应填写人民币符号"¥"。阿拉伯数字要认真填写，不得连写，以免分辨不清。

中文大写数字如图2-1-2所示。

壹	贰	叁	肆	伍	陆	柒	捌	玖	零
拾	佰	仟	万	亿	元	整	正	角	分

图2-1-2　中文大写数字

（三）银行票据日期书写要求

在会计工作中，经常要填写支票、汇票和本票。票据的出票日期必须使用中文大写。为防止变造票据的出票日期，在填写月、日时，月为壹、贰和壹拾的，日为壹至玖和壹拾、贰拾和叁拾的，应在其前加"零"；日为拾壹至拾玖的，应在其前加"壹"。例如：1月15日，应写成"零壹月壹拾伍日"；10月20日，应写成"零壹拾月零贰拾日"；2020年4月9日，应写成"贰零贰零年零肆月零玖日"，如图2-1-3所示。

中国工商银行 转账支票　　　　　　　　　No.33889890

出票日期（大写）贰零贰零年零肆月零玖日　　　付款行名称：工商银行大庆路支行

收款人：淮钢股份有限公司　　　　　　　　出票人账号：8040-41291132118

本支票付款期限十天	人民币（大写）	壹拾柒万伍仟伍佰元整	百	十	万	千	百	十	元	角	分
			¥ 1	7	5	5	0	0	0	0	0
	用途　购货款										
	上列款项请从我账户内支付										
	出票人签章（公章）　　　复核　　记账										

图 2-1-3　中国工商银行转账支票样式

注意：票据出票日期使用小写填写的，银行不予受理。大写日期未按要求规范填写的，银行可予受理，但由此造成损失的，由出票人自行承担。

三、实训内容

要求根据以上书写规范要求进行数字的书写训练。

注意初写时不求快，要在"规范"二字上下功夫。

1. 在账格中练习用规范化的阿拉伯数字进行书写。

1	2	3	4	5	6	7	8	9	0	1	2	3	4	5	6	7	8	9	0

2. 练习没有数位线的阿拉伯数字金额的书写。

6,789,423.51	145,253.24	3,004,978.34	3,479,218.00	45,688.31

3. 写出下列中文大写数字对应的阿拉伯数字。

（1）人民币贰拾柒元伍角肆分　　　　　　　　阿拉伯数字：_____

（2）人民币伍仟贰佰万零陆仟玖佰柒拾捌元整　阿拉伯数字：_____

（3）人民币叁仟万零贰拾元整　　　　　　　　阿拉伯数字：_____

（4）人民币壹拾玖万零贰拾叁元整　　　　　　阿拉伯数字：_____

（5）人民币玖角捌分　　　　　　　　　　　　阿拉伯数字：_____

（6）人民币柒万肆仟伍佰零贰元捌角陆分　　　阿拉伯数字：_____

（7）人民币玖仟叁佰元零伍角整　　　　　　　阿拉伯数字：_____

（8）人民币贰拾肆万零捌佰零壹元零玖分　　　阿拉伯数字：_____

（9）人民币壹拾万元整　　　　　　　　　　　阿拉伯数字：_____

（10）人民币陆佰万元零柒分　　　　　　　　 阿拉伯数字：_____

（11）人民币壹亿叁仟万零肆角捌分　　　　　 阿拉伯数字：_____

（12）人民币捌佰零柒万陆仟伍佰零贰元壹角陆分　阿拉伯数字：_____

（13）人民币玖仟玖佰万零叁佰元零肆角整　　　　阿拉伯数字：＿＿＿＿＿

（14）人民币贰拾肆万零陆佰零玖元零玖分　　　　阿拉伯数字：＿＿＿＿＿

（15）人民币贰佰壹拾万元整　　　　　　　　　　阿拉伯数字：＿＿＿＿＿

（16）人民币陆佰万元零伍角零柒分　　　　　　　阿拉伯数字：＿＿＿＿＿

（17）人民币捌拾壹万元零叁角整　　　　　　　　阿拉伯数字：＿＿＿＿＿

（18）人民币壹亿柒仟伍佰万元零壹分　　　　　　阿拉伯数字：＿＿＿＿＿

4．中文大写数字书写实训。

分别用正楷和行书练习中文大写数字的书写。

零						零					
壹						壹					
贰						贰					
叁						叁					
肆						肆					
伍						伍					
陆						陆					
柒						柒					
捌						捌					
玖						玖					
拾						拾					
佰						佰					
仟						仟					
万						万					
亿						亿					
元						元					
角						角					
分						分					
整						整					

实训二 经济业务的发生对会计等式的影响

一、实训目的

能从动态和静态两个方面理解会计要素之间的数量平衡关系。

二、实训资料

A 公司 2020 年 11 月 30 日资产和权益的状况如下：

资产、负债、所有者权益平衡表
2020 年 11 月 30 日

资 产	期 末 余 额	负债和所有者权益	期 末 余 额
库存现金	1 000	短期借款	50 000
银行存款	73 600	应付账款	2 800
应收账款	18 000	应交税费	2 000
其他应收款	2 600	实收资本	80 000
原材料	9 000	本年利润	29 600
周转材料	2 000		
库存商品	6 200		
固定资产	52 000		
合 计	164 400	合 计	164 400

该公司 12 月份发生如下经济业务：

（1）从银行提取现金 1 000 元，备用。

（2）采购员从财务科预借差旅费 800 元，以现金支付。

（3）以银行存款支付上月所欠的税费 2 000 元。

（4）从银丰公司购入材料 6 000 元，货款尚未支付。

（5）向银行借入半年期贷款 20 000 元。

（6）收回利达企业所欠货款 10 000 元，送存银行。

（7）华海企业向本单位投入机器一台作为投资，价值 30 000 元。

（8）生产领用原材料 2 000 元。

（9）以银行存款归还货款 800 元。

（10）车间完工产品 1 000 元入库。

三、实训内容

要求根据 A 公司 2020 年 11 月 30 日资产和权益的状况资料和 12 月份发生的经济业务，将相关数据填列到资产、负债、所有者权益平衡表中，并注意会计要素之间的平衡。

资产、负债、所有者权益平衡表

20 年 月 日

资 产	期初余额	本月增加	本月减少	期末余额	负债和所有者权益	期初余额	本月增加	本月减少	期末余额
合 计					合 计				

实训三　借贷记账法

一、实训目的

掌握借贷记账法的基本内容，会运用借贷记账法进行账户发生额计算。

二、实训资料

某企业部分账户期初余额如下：

账 户 名 称	借方余额	账 户 名 称	贷方余额
库存现金	100	短期借款	230 000
银行存款	250 000	应付账款	126 000
应收账款	87 500	应交税费	1 600
库存商品	120 000	实收资本	700 000
固定资产	600 000		

三、实训内容

1. 根据该企业下列经济业务编制相应的会计分录。

业 务	分 录
从银行提取现金 3 000 元备用	
以银行存款购入材料，价款 80 000 元，增值税 10 400 元，材料已验收入库	
从 A 公司购入材料，价款 50 000 元，增值税 6 500 元，材料已验收入库，货款尚未支付	
收回 B 公司前欠购货款 46 800 元，存入银行	
采购员张明向企业预借差旅费 2 000 元，企业以现金支付	
从银行取得 6 个月期的借款 50 000 元，存入银行以备使用	
以银行存款 12 000 元偿还前欠购料款	
收到某公司投入的货币资金 300 000 元，存入银行	

2．根据期初余额与所编制的会计分录，开设并登记"T"形账户，登记期初余额，结出本期发生额及期末余额。

3．根据上述账户记录，编制总分类账户试算平衡表。

总分类账户试算平衡表

账 户 名 称	期 初 余 额		本 期 发 生 额		期 末 余 额	
	借方	贷方	借方	贷方	借方	贷方
合　计						

实训四　填制原始凭证

一、实训目标

通过实训，学生能熟练掌握各类主要原始凭证的要素内容及填写要求。

二、实训指导

1. 内容逐项填写齐全，不得遗漏。
2. 使用规定的笔填写，字迹要工整、清晰。
3. 大小写金额必须一致，且按照阿拉伯数字和中文大写数字的书写要求正确填写。
4. 注意错误原始凭证的更正方法。

三、实训内容

（一）增值税专用发票填制

1. 实训资料：淮安丰利商贸有限公司，是以商品流通为主的商贸企业，为增值税一般纳税人，增值税率13%，纳税人识别号为32080665794132，地址为江苏省淮安市繁荣新村2区一排3#1，开户行及账号为中国农业银行淮安市淮州支行341501040011673。

杭州万成商贸集团有限公司，是工业制造企业，为增值税一般纳税人，增值税率13%，纳税人识别号为320106256308535，地址为浙江省杭州市西湖区西溪路978号，开户行及账号为杭州联合银行留下支行201000006215990。

双方业务资料：杭州万成商贸集团有限公司于2020年5月26日销售给淮安丰利商贸有限公司下列产品：闪光变色龙彩色丝印片花三折伞，规格307E，数量2 000把，单价（含税）18元；高密度聚酯银胶三折伞，规格3367，数量4 000把，单价（含税）13.50元，款项未付。开票人为赵丽娜。

2. 根据以上资料，填制增值税专用发票。

浙江增值税专用发票

No.07818805

开票日期：　　年　月　日

购买方	名　　　称： 纳税人识别号： 地址、电话： 开户行及账号：				密码区	
货物或应税劳务、服务名称	规格型号	单位	数量	单价	金额	税率	税额

货物或应税劳务、服务名称	规格型号	单位	数量	单价	金额	税率	税额
价税合计（大写）		¥：					
销售方	名　　　称： 纳税人识别号： 地址、电话： 开户行及账号：			备注			

收款人：　　　　　复核：　　　　　开票人：　　　　　销售方：（章）

第三联　发票联　购买方记账凭证

（二）增值税普通发票填制

1. 实训资料：2020 年 4 月 25 日，江苏移动南京分公司在南京六朝古都大酒店招待客户，餐饮费计 3 200 元，以现金付讫。开票人为张丽。

2. 根据以上资料，填制服务业增值税普通发票。

江苏增值税普通发票

发　票苏联

No.091446511

开票日期：　　年　月　日

购买方	名　　　称： 纳税人识别号： 地址、电话： 开户行及账号：				密码区	
货物或应税劳务、服务名称	规格型号	单位	数量	单价	金额	税率	税额
价税合计（大写）		¥：					
销售方	名　　　称： 纳税人识别号： 地址、电话： 开户行及账号：			备注			

第三联　发票联　购买方记账凭证

收款人：　　　　　复核：　　　　　开票人：　　　　　销售方：（章）

（三）借款单的填制

1. 实训资料：2020 年 5 月 25 日，江苏网信科技公司采购员李立华赴北京开商品展销会，经批准向财务科借差旅费 1 500 元，财务人员审核无误后以现金付讫。审批领导为王建国，财务主管为田敏。

2. 根据以上资料填写借款单一张。

借 款 单

年 月 日

部　　门		借 款 事 由		
借款金额	金额（大写）	¥_____		
批准金额	金额（大写）	¥_____		
主管领导		财务主管		借款人

（四）收据的填制

1. 实训资料：2020 年 6 月 25 日，江苏网信科技公司采购员李立华出差归来，报销差旅费 1 300 元，原借款 1 500 元，退回现金 200 元，出纳人员李敏开具收据一份。

2. 根据以上资料填制收据。

收　　据

入账日期：　　年 月 日

交款单位_____ 收款方式_____

人民币（大写）_____ ¥_____

收款事由_____

年 月 日

单位盖章　　财会主管　　　记账　　　　出纳　　　　审核　　　　经办

第二联交给付款单位

（五）收料单的填制

1. 实训资料：2020 年 4 月 20 日，江苏康源食品有限公司从盐城大丰面粉厂购入面粉 1 000 千克，每千克 4 元，并办理入库手续。采购人员为张理，验收人员为杨志岚，制单人员为马源。

2. 根据以上资料，填制收料单。

收　料　单

供货单位：

发票号码：　　　　　　　　　　　年　　月　　日　　　　　　　编号：

材料类别	材料名称	规格	计量单位	数量		买价		运杂费	其他	合计	单位成本	
				应收	实收	单价	金额					记账联

采购：　　　　　　　　　验收：　　　　　　　　　制单：

（六）支票的填制

1．实训资料：收款单位江苏博雅科技有限责任公司于 2020 年 10 月 20 日从南方钢铁股份有限公司购入钢材一批，价款 34 680.48 元，开出转账支票一张，江苏博雅科技有限责任公司开户行为中国工商银行南京建设路支行，账号为 1032000004129。

2．根据以上资料，填制一张转账支票。

	中国工商银行 转账支票							No.33889890							
	出票日期（大写）		年 月 日					付款行名称：							
	收款人：							出票人账号：							
本支票付款期限十天	人民币			百	十	万	千	百	十	元	角	分			
	（大写）														
	用途 _____ 上列款项请从我账户内支付														
	出票人签章（章）　　复核　　记账														

（七）进账单的填写

1．资料：

（1）付款单位：江苏华尔化工有限责任公司。

（2）付款单位账号：32001725136050287312。

（3）付款单位开户行：华夏银行清浦支行。

（4）金额：67 500.00 元。

（5）日期：2020 年 11 月 7 日。

（6）收款单位：江苏汇创商贸有限责任公司。

（7）收款单位账号：1110020109300037418。

（8）收款单位开户行：工商银行南京城中支行。

2．请根据以上信息，填制一张进账单。

中国工商银行 进账单（回单）
年 月 日

出票人	全　称		收款人	全　称											此联是开户银行交给持（出）票人的回单
	账　号			账　号											
	开户银行			开户银行											
金额	人民币（大写）				亿	千	百	十	万	千	百	十	元	角	分
票据种类		票据张数													
票据号码															
复核		记账													
										开户银行签章					

（八）现金交款单的填制

1. 2020 年 12 月 11 日，江苏博雅科技有限责任公司出纳员将当天的销售款 85 600 元现金存入银行。开户行为中国工商银行南京建设路支行，账号为 1032000004129（其中面额 100 元的 700 张，面额 50 元的 300 张，面额 10 元的 60 张）。

2. 请根据以上信息，填制一张现金交款单。

中国工商银行　现金交款单（回单）

年　月　日

交款单位		收款单位	全称													
款项来源			账号		开户银行											
大写金额						千	百	十	万	千	百	十	元	角	分
券别	伍角	贰角	壹角	伍分	贰分	壹分	科目（贷）									
张数																
券别	壹佰元	伍拾元	拾元	伍元	贰元	壹元	对方科目（借）钞、现金									
张数																

实训五　审核原始凭证

一、实训目标

能根据会计法规和原始凭证填制要求，审核原始凭证的合法性、正确性。

二、实训指导

1．根据所给资料审核原始凭证所反映的交易或事项是否合理合法，同时审查原始凭证的内容是否完整，各项目填列是否齐全，数字计算是否正确以及大小写金额是否相符等。

2．指出存在的问题。每一笔交易或事项所取得或填写的原始凭证中，至少有一处错误或不完整。认真审核后指出其中存在的问题并提出修改处理意见和方法。

3．原始凭证审核要点：

（1）审"经济业务内容"，看是否符合法律法规、财务制度和单位费用开支标准。

（2）审"抬头"，看是否与本单位名称相符。

（3）审"填制日期"，看是否与报账日期相近。

（4）审"用途"，看是否与发票或收据相关联。

（5）审"发票签章"，看是否与原始凭证或单位名称相符。

（6）审"金额"，看计算是否正确与完整。

（7）审"大小写金额"看大小写金额是否一致。

（8）审"脸面"，看有无涂改、刮擦、纸贴等现象。

三、实训资料

1．2020年4月3日，采购员王五赴北京采购材料，填写借款单一份，并经主管领导批准。

借　款　单
2020 年 4 月 3 日

部　　门	供　应　科		借款事由	参加订货会
借款金额	金额（大写）贰仟元		¥2000.00	
批准金额	金额（大写）贰仟元		¥2000.00	
主管领导	贺伟	财务主管	王林	借款人

2．2020年4月8日，加工车间张三领用圆钢4 000千克，计划单价10元，领用角钢3 000千克，计划单价5元，生产A产品。所填制的领料单如下：

领 料 单

领料单位：基本生产车间   编号：18

用　　途：　 2020 年 4 月 8 日   仓库：1 库

材料类别	材料编号	材料名称及规格	计量单位	数量 请领	数量 实领	单 价	金 额	
主要材料		圆钢	千克	4000	4000	10.00	4000.00	第二联　记账联
		角钢	千克	3000	3000	5.00	15000.00	
合　计							19000.00	

记账：　 发料：**王立**   领料部门负责人：　 领料：

3．2020 年 2 月 10 日，签发现金支票一张，金额 38 000 元，从银行提取现金以备发工资。

中国工商银行 转账支票存根	中国工商银行　转账支票　No.33872090
支票号码 33872090	出票日期（大写）　贰零贰零年贰月壹拾日　　付款行名称：工商银行滨海路支行
科　　目＿＿＿＿	收款人：唐钢股份有限公司　　出票人账号：56010118321
对方科目＿＿＿＿	人民币（大写）叁万捌仟伍佰陆拾陆元叁角　百 十 万 千 百 十 元 角 分
签发日期 2020 年 2 月 10 日	￥ 3 8 0 0 0 0 0
收款人：	本支票付款期限十天
金　额：￥38000.00	用途　发工资
用　途：发工资	上列款项请从我账户内支付
单位主管　　会计	出票人签章　　　　复核　　记账

4．南京市圣力网络有限公司于 2020 年 1 月 25 日向南京玄武商贸有限公司购买中华香烟 50 条，收到南京玄武商贸有限公司开来的增值税专用发票一张。

江苏增值税专用发票

发 票 联

江苏
国家税务总局监制

No.00000125

开票日期：2020 年 1 月 25 日

	名　　称：南京市圣力网络有限公司	密码区	3562-7+0<8<57-9<87<36
购买方	纳税人识别号：		08*836322-3725<>*816
	地址、电话：南京市滨河路 125 号 025-83426088		5*01-/+0**<23-6239*<4
	开户行及账号：南京工行新街口支行 33011809035876		1*+-567869-56-+7/8>>>3

货物或应税劳务、服务名称	规格型号	单位	数量	单价	金额	税率	税额
中华香烟		条	50	601.77	30088.50	13%	3911.50
合计					￥30088.50		￥3911.50

价税合计（大写）	⊗ 叁万肆仟元整　　　　￥：34000.00

	名　　称：南京玄武商贸有限公司		
销售方	纳税人识别号：32012248823391	备注	
	地址、电话：南京市玄武区清流路 3 号 025-86508088		
	开户行及账号：工行汉府支行 33011809032591		

收款人：李晓　　复核：储超　　开票人：张丹　　销售方：（章）

第三联　发票联　购买方记账凭证

5．2020 年 10 月 20 日，南京市汉南公司由于排污接受罚款 10 000 元，南京市环保局开来罚款收据一张，企业用现金支付。

四、实训内容与要求

1．根据所给资料审核原始凭证所反映的交易或事项是否合理合法，同时审查原始凭证的内容是否完整，各项目填列是否齐全，数字计算是否正确以及书写金额是否相符等。

2．指出存在的问题。

实训六　填制与审核记账凭证

一、实训目标

熟悉记账凭证的种类、基本内容，掌握收款凭证、付款凭证和转账凭证以及通用记账凭证的填制方法。

二、实训指导

1. 根据审核无误的原始凭证填制。
2. 逐项填写记账凭证的各项内容，填写齐全，不得遗漏。
3. 摘要栏简明扼要，防止简而不明或过于烦琐。
4. 按照统一规定的会计科目，根据经济业务内容正确编制会计分录。
5. 必须连续编号，使用专用凭证时分类顺序编号，使用通用凭证时统一编号。
6. 填制完经济业务后，如有空行，应当自金额栏最后一笔金额数字下的空行处至合计数上的空行处画线注销。

三、实训资料

企业名称：江苏汇源有限责任公司（增值税一般纳税人）

开户行：工商银行复兴路支行　　　　银行账号：8040-4129

纳税人登记号：370866786633898

财务主管：孙梅；记账会计：张玲；复核：杜丽；出纳员：李娟；制单会计：易平

江苏汇源有限公司 2020 年 11 月份发生下列部分交易或事项：

1. 1 日，出纳员填写现金支票一张，从银行提取现金 2 500 元。附支票存根如下：

	中国工商银行
	现金支票存根
支票号码：3217033	
科　　目：＿＿＿＿＿＿＿＿	
对方科目：＿＿＿＿＿＿＿＿	
签发日期：2020 年 11 月 1 日	

收款人：江苏汇源有限责任公司
金　额：¥2500.00
用　途：备用金
备　注：李娟

单位主管　　　　　　会计

2. 3日，采购员高路填写借款单，并经有关人员签字同意，预借差旅费3 000元，以现金支付，借款单附后。

借　款　单

2020 年 11 月 3 日

部　门	供　应　科	借款事由		差旅费
借款金额	金额（大写）叁仟陆佰元整	¥3600.00	现金付讫	
批准金额	金额（大写）叁仟元整	¥3000.00		
领　导	周强	财务主管	孙梅	借款人　高路

3. 3日，办公室用现金购买办公用品245元，交来发票一张。

商品销售统一发票

客户名称及地址：汇源有限公司　　2020年11月3日填制

品 名 规 格	单　位	数　量	单　价	金　额						
				万	千	百	十	元	角	分
笔记本	本	20	10.00			2	0	0	0	0
墨水	瓶	10	4.50				4	5	0	0
合　计					¥	2	4	5	0	0
合计金额（大写）贰佰肆拾伍元零角零分										

填票人：张月　　　　　收款人：李丽　　　　　　单位名称（章）

第二联　发票

4. 6日，向南京钢铁公司购进圆钢12吨，每吨5 000元，增值税进项税额7 800元，开出转账支票付款，材料验收入库，有关原始凭证附后。

中国工商银行
转账支票存根

支票号码：02834536022

科　　目：＿＿＿＿＿＿＿

对方科目：＿＿＿＿＿＿＿

签发日期：2020 年 11 月 6 日

收款人：南京钢铁公司
金　额：¥67800.00
用　途：购料
备　注：

单位主管　　　　　会计

江苏增值税专用发票

发 票 联

No.00010295

开票日期：2020 年 11 月 6 日

购买方	名　　　称：江苏汇源有限公司	密码区	2502-7+0<8<92-9<87<36
	纳税人识别号：370866786633898		08*837532-3725<>*816
	地址、电话：南京市解放路 16 号 025-5230355		5*01-/+0**<87-6239*<4
	开户行及账号：工商银行复兴路支行 8040-4129		1*+-326269-42-+7/8>>>5

货物或应税劳务、服务名称	规格型号	单位	数量	单价	金　额	税率	税　　额
圆钢		吨	12	5000	60000.00	13%	7800.00
合　　计					￥60000.00		￥7800.00

价税合计（大写）	⊗ 陆万柒仟捌佰元整	￥67800

销售方	名　　　称：南京钢铁公司	备注	
	纳税人识别号：32012248823391		
	地址、电话：南京市玄武区清流路 3 号 025-86508088		
	开户行及账号：工商银行汉府支行 33011809032591		

收款人：刘方　　　复核：张丽　　　开票人：李明　　　销售方：（章）

材料入库单

供应单位：南京钢铁公司　　　　　2020 年 11 月 6 日

发票号：　　　　　　　　　　　　　　　字第　　号

材料类别	材料名称	规格材质	计量单位	应收数量	实收数量	单价	金　额							
							十	万	千	百	十	元	角	分
	圆钢		吨	12	12	5000	6	0	0	0	0	0	0	0
检验结果　　　检验员签章：				运杂费										
				合　计			￥	6	0	0	0	0	0	0	0
备注														

仓库　　　　　材料会计　　　　　验收人：周涛　　　　　交料人：王强

5. 6日，王丽报销差旅费 730 元（差旅费报销单附后），上月借款 1 000 元，退回现金 270 元，出纳员开具收据一张。

差旅费报销单

2020 年 11 月 6 日

姓　　名	王　丽		出 差 事 由	洽谈业务		出 差 日 期		自 2020 年 10 月 26 日 至 2020 年 11 月 5 日共 10 天				
起讫时间及地点					车船票		夜间乘车补助费			出差乘补费		住宿费	其他

月	日	起	月	日	讫	类别	金额	时间	标准	金额	日数	标准	金额	金额	摘要	金额
10	26	A市	10	26	北京		140.00									
10	26	A市	11	4	北京						9	50.00	450.00			
11	4	北京	11	5	A市		140.00									
小　　计							280.00				9	50.00	450.00			

总计金额（大写）柒佰叁拾元零角零分
预支 1000.00　　核销 730.00　　退补 270.00

附单据共 3 张

统一收款收据（三联单）

2020 年 11 月 6 日　　　　　　NO.6703520

交款单位或交款人	王　丽	收 款 方 式	现　金
事　由 报销差旅费、交回余款		备注：	
		核销 730 元	
人民币（大写）贰佰柒拾元整　　　　¥270.00		现金 270 元	

第三联 记账依据

收款单位（章）　　　　　　　　　　　收款人（签章）李娟

6. 6日，购买机器一台，买价 30 000 元，增值税 3 900 元，开出支票支付货款，有关单据附后。

江苏增值税专用发票

发 票 联

No.02071755
开票日期：2020 年 11 月 6 日

购买方	名　　称：江苏汇源有限公司 纳税人识别号：370866786633898 地址、电话：南京市解放路 16 号 025-5230355 开户行及账号：工商银行复兴路支行 8040-4129				密码区	2502-7+0<8<92-9<87<36 08*837532-3725<>*816 5*01-/+0**<87-6239*<4 1*+-326269-42-+7/8>>>5
货物或应税劳务、服务名称	规格型号	单位	数量	单价	金额	税率	税　额
机器		台	1	30000	30000.00	13%	3900.00
合　计					¥30000.00		¥3900.00
价税合计（大写）	⊗ 叁万叁仟玖佰元整						¥33900.00
销售方	名　　称：南京第二机床有限公司 纳税人识别号：320114674929456 地址、电话：南京市雨花台西善桥 69 号 025-86884388 开户行及账号：南京银行鸡鸣寺支行 0136012021009				备注	

收款人：　　　复核：　　　开票人：冷谨　　　销售方：（章）

第三联 发票联 购买方记账凭证

中国工商银行
转账支票存根

支票号码：01621924

科　　目：_____

对方科目：_____

签发日期：2020 年 11 月 6 日

收款人：南京第二机床有限公司
金　额：￥33900.00
用　途：设备款
备　注：

单位主管　　　　　会计

7. 8日，从南京钢铁公司购入生铁，款项已付出，材料尚未到达，原始单据两张附后。

江苏增值税专用发票

发　票　联

No.00010295

开票日期：2020 年 11 月 8 日

购买方	名　　称：江苏汇源有限公司 纳税人识别号：370866786633898 地址、电话：南京市解放路 16 号 025-5230355 开户行及账号：工商银行复兴路支行 8040-4129				密码区	2502-7+0<8<92-9<87<36 08*837532-3725<>*816 5*01-/+0**<87-6239*<4 1*+-326269-42-+7/8>>>5		
货物或应税劳务、服务名称	规格型号	单位	数量	单价	金额	税率	税　额	
生铁		吨	20	3500	70000.00	13%	9100.00	
合计					￥70000.00		￥9100.00	
价税合计（大写）		⊗ 柒万玖仟壹佰元整					￥79100.00	
销售方	名　　称：南京钢铁公司 纳税人识别号：32012248823391 地址、电话：南京市玄武区清流路 3 号 025-86508088 开户行及账号：工商银行汉府支行 33011809032591				备注	南京钢铁公司 32012248823391 发票专用章		

收款人：刘方　　　　复核：杜丽　　　　开票人：李明　　　　销售方：（章）

第三联　发票联　购买方记账凭证

中国工商银行
转账支票存根

支票号码：01621924

科　　目：＿＿＿＿＿＿＿＿

对方科目：＿＿＿＿＿＿＿＿

签发日期：2020 年 11 月 8 日

收款人：南京钢铁公司
金　额：¥79100.00
用　途：货款
备　注：

单位主管　　　　　会计

8．10 日，从南京钢铁公司购入生铁 20 吨运达企业，如数验收入库，入库单附后。

材料入库单

供应单位：南京钢铁公司　　　　　　2020 年 11 月 10 日　　　　　　发票号：

材料类别	材料名称	规格材质	计量单位	数量	实收数量	单位成本	金　额								第三联
							十	万	千	百	十	元	角	分	
	生铁		吨	20	20	3500	7	0	0	0	0	0	0	0	会
检验结果　　检验员签章：				运杂费											计
				合计			¥	7	0	0	0	0	0	0	0
备注															

仓库　　　　　　　　　　材料会计　　　　　　　收料员　**周涛**

9．11 日，收到通达公司投入企业资金 800 000 元的转账支票，已填写进账单，连同支票一并送存银行，并已收到进账单（收账通知），有关单据附后。

中国工商银行进账单（收账通知）3

2020 年 11 月 11 日

出票人	全　称	通达公司	收款人	全　称	江苏汇源有限公司										此联是收款人开户银行交给收款人的收账通知
	账号	3688852		账　号	8040-4129										
	开户银行	工行南大街支行		开户银行	工商银行复兴路支行										
金额	人民币（大写）	捌拾万元整			亿	千	百	十	万	千	百	十	元	角	分
							¥	8	0	0	0	0	0	0	0
票据种类	转账支票	票据张数	1												
票据号码															

复核　　记账　　　　　　　　　　　收款人开户银行签章

10．15 日，向工商银行借入期限为 6 个月的借款 150 000 元，有关单据附后。

中国工商银行借款凭证（代回单）

2020 年 11 月 15 日

借款单位名称	江苏汇源有限公司		放款账号：7-12	往来账号：8040-4129				
借款金额	人民币（大写）壹拾伍万元整			¥150000.00				
种类	生产周转借款	单位提出期限	自 2020 年 11 月 15 日至 2021 年 5 月 15 日止			利率	8%	
		银行核定期限	自 2020 年 11 月 15 日至 2021 年 5 月 15 日止					
上列借款已收入你单位往来户内 单位（银行签章）				单位会计分类				

第四联 交借款单位

11．18 日，签发转账支票偿还前欠南京兴达有限公司货款 60 000 元，并收到兴达公司开具的收款收据，支票存根和收款收据附后。

中国工商银行
转账支票存根

支票号码：01621925

科　　目：＿＿＿＿＿＿＿＿

对方科目：＿＿＿＿＿＿＿＿

签发日期：2020 年 11 月 18 日

收款人：南京兴达有限公司
金　额：¥60000.00
用　途：偿还货款
备　注：

单位主管　　　　　会计

统一收款收据（三联单）

2020 年 11 月 18 日　　　　　　　　　　　　　　NO.8803529

交款单位或交款人	汇源有限责任公司	收款方式	转账支票	说明：不得作行政事业性收费收据使用
			备注：	
事　由　收回所欠货款				
人民币（大写）陆万元整　　¥60000.00				

收款单位（盖章）：　　　　　　　　　　　　　收款人（签章）：陈清

12．20日，通过银行向光明公司信汇预付货款 50 000 元，信汇凭证附后。

中国工商银行**信汇凭证**（回单）1

委托日期 2020 年 11 月 20 日

汇款人	全　称	江苏汇源有限公司	收款人	全　称				光 明 公 司							
	账　号	8040-4129		账　号				36303102538986							
	汇出地点	省A市/县		汇入地点				省B市/县							
汇出行名称		工商银行复兴路支行	汇入行名称					农行B市分行							
金额	人民币（大写）	伍万元整			亿	千	百	十	万	千	百	十	元	角	分
								¥	5	0	0	0	0	0	0
			支付密码												
		汇出行签章			附加信息及用途：预付货款										

此联是汇出行给汇款人的回单

13．21日，开出支票支付销售 A 产品广告费 2 580 元，有关单据附后。

中国工商银行
转账支票存根

支票号码：01621926

科　　目：＿＿＿＿＿＿＿＿

对方科目：＿＿＿＿＿＿＿＿

签发日期：2020 年 11 月 21 日

收款人：市电视台
金　额：¥2580.00
用　途：广告费
备　注：

单位主管　　　　　会计

×省电视台专用发票
发 票 联

客户名称：江苏汇源有限公司　　　　2020 年 11 月 21 日

品　名	项　目	金　额							备　注
		十	万	千	百	十	元	角	分	
	产品广告费			2	5	8	0	0	0	
合计人民币（大写）：贰仟伍佰捌拾元整				¥2580.00						

第二联发票联

收款人　王雨　　　　　　　　　　　单位名称（章）

14．22 日，仓库发出材料供有关部门使用，领料单四张附后。

领 料 单

领料部门：生产车间　　　　　　　2020 年 11 月 22 日

材 料		单 位	数 量		单 位 成 本	金 额	过 账
名称	规格		请领	实发			
圆钢		吨	4	4	5000	20000.00	
生铁		吨	3	3	3500	10500.00	
工作单号		用途	生产 A 产品				
工作项目							

会计主管：孙梅　　　　记账：　　　　　　　　发料：王鹏　　　　领料：腾飞

领 料 单

领料部门：生产车间　　　　　　　2020 年 11 月 22 日

材 料		单 位	数 量		单 位 成 本	金 额	过 账
名称	规格		请领	实发			
圆钢		吨	3	3	5000	15000.00	
生铁		吨	2	2	3500	7000.00	
工作单号		用途	生产 B 产品				
工作项目							

会计主管：孙梅　　　　记账：　　　　　　　　发料：王鹏　　　　领料：腾飞

领 料 单

领料部门：生产车间　　　　　　　2020 年 11 月 22 日

材 料		单 位	数 量		单 位 成 本	金 额	过 账
名称	规格		请领	实发			
备件		个	10	10	260	2600.00	
工作单号		用途	车间一般耗用				
工作项目							

会计主管：孙梅　　　　记账：　　　　　　　　发料：王鹏　　　　领料：腾飞

领　料　单

领料部门：办公室　　　　　　　　2020 年 11 月 22 日

材　料		单　位	数　量		单 位 成 本	金　额	过　账
名称	规格		请领	实发			
汽油		千克	200	200	8.50	1700.00	
工作单号		用途	行政管理使用				
工作项目							

会计主管：孙梅　　　　记账：　　　　　　发料：王鹏　　　　　　领料：张丽华

15．25 日，收到百盛集团偿还前欠货款的转账支票 38 000 元，企业开具收款收据给交款人并填制进账单将支票送存银行，有关单据附后。

统一收款收据（三联单）

2020 年 11 月 25 日　　　　　　　　　　　　　　NO.98903569

交款单位或交款人	百盛集团	收 款 方 式	转账支票	
事　　由　偿还前欠货款			备注：	
人民币（大写）叁万捌仟元整	¥38000.00			

说明：不得作行政事业性收费收据使用

收款单位（盖章）：　　　　　　　　　　　　收款人（签章）李娟

中国工商银行**进账单**（收账通知）3

2020 年 11 月 25 日

出票人	全　　称	百盛集团	收款人	全　　称	江苏汇源有限公司
	账　　号	5688-9622		账　　号	8040-4129
	开户银行	工商银行学府路支行		开户银行	工商银行复兴路支行

金额	人民币 （大写）	叁万捌仟元整	亿	千	百	十	万	千	百	十	元	角	分
						¥	3	8	0	0	0	0	0

票据种类	转账支票	票据张数	1
票据号码			

收款人开户银行签章

此联是收款人开户银行交给收款人的收账通知

16．26 日，销售给红星公司 A 产品 20 台，产品已发出，并向银行办妥托收手续，有关单据附后。

江苏增值税专用发票

发　票　联

No.00010295

开票日期：2020 年 11 月 26 日

购买方	名　　　称：江苏红星公司 纳税人识别号：370866786635576 地址、电话：市建华路 16 号 025-84613488 开户行及账号：工商银行建华路支行 5600-9696	密码区	2502-7+0<8<92-9<87<36 08*837532-3725<>*816 5*01-/+0**<87-6239*<4 1*+-326269-42-+7/8>>>5

货物或应税劳务、服务名称	规格型号	单位	数量	单价	金额	税率	税额
A 产品		台	20	1500	30000.00	13%	3900.00
合计					¥30000.00		¥3900.00

价税合计（大写）	⊗ 叁万叁仟玖佰元整	¥：33900.00

销售方	名　　　称：江苏汇源有限公司 纳税人识别号：370866786633898 地址、电话：南京市解放路 16 号 025-5230355 开户行及账号：工商银行复兴路支行 8040-4129	备注	

第三联　发票联　购买方记账凭证

收款人：刘方　　　复核：杜丽　　　开票人：李明　　　销售方：（章）

托收凭证（回单）

委托日期 2020 年 11 月 26 日

<table>
<tr><td colspan="2">业务类型</td><td colspan="14">委托收款（□邮划、□电划）　托收承付（□邮划、□电划）</td></tr>
<tr><td rowspan="3">付款人</td><td>全称</td><td colspan="3">江苏红星公司</td><td rowspan="3">收款人</td><td>全称</td><td colspan="9">江苏汇源有限公司</td></tr>
<tr><td>账号</td><td colspan="3">5600-9696</td><td>账号</td><td colspan="9">8040-4129</td></tr>
<tr><td>地址</td><td>省　市　县</td><td>开户行</td><td>工行</td><td>地址</td><td colspan="3">省　市　县</td><td colspan="2">开户行</td><td colspan="4">工商行</td></tr>
<tr><td rowspan="2">金额</td><td rowspan="2">人民币（大写）</td><td colspan="3" rowspan="2">叁万叁仟玖佰元整</td><td>亿</td><td>千</td><td>百</td><td>十</td><td>万</td><td>千</td><td>百</td><td>十</td><td>元</td><td>角</td><td>分</td></tr>
<tr><td></td><td></td><td></td><td>¥</td><td>3</td><td>3</td><td>9</td><td>0</td><td>0</td><td>0</td><td>0</td></tr>
<tr><td>款项内容</td><td colspan="2">货　款</td><td>托收凭据名称</td><td colspan="3">托收承付凭证（电划）</td><td colspan="3">附寄单证张数</td><td colspan="6"></td></tr>
<tr><td colspan="2">商品发运情况</td><td colspan="3"></td><td colspan="3">合同名称号码</td><td colspan="8"></td></tr>
<tr><td colspan="3">备注：

复核　　记账</td><td colspan="3">款项收妥日期
年　月　日</td><td colspan="10">收款人开户银行签章
2020 年 11 月 26 日</td></tr>
</table>

此联作收款人开户银行给收款人的受理回单

17．30 日，分配结转本月职工工资 140 000 元。其中，生产 A 产品工人工资 60 000 元，生产 B 产品工人工资 40 000 元，车间管理人员工资 23 500 元，行政管理部门 16 500 元，分配表附后。

工资费用分配汇总表

2020 年 11 月 30 日

车间、部门		应分配金额
车间生产人员工资	生产 A 产品	60000.00
	生产 B 产品	40000.00
	生产人员工资小计	100000.00
车间管理人员		23500.00
厂部管理人员		16500.00
合　计		140000.00

会计主管：孙梅　　　　制单：张琼

18．30 日，计提本月固定资产折旧费。折旧费用分配表附后。

折旧费用分配表

2018 年 11 月 30 日

车间或部门	折 旧 额
生产车间	3800.00
厂部	5600.00
合 计	9400.00

会计主管：孙梅　　　　　　　　　　　　　　　　　　制单：张琼

19．30 日，结转本期销售成本。

已销商品成本计算表

2018 年 11 月 30 日

产品名称	计量单位	数 量	单位成本	金 额
A 产品	台	20	1000	20000
B 产品	台	20	1050	21000
合 计				41000

会计主管：孙梅　　　　　　　　　　　　　　　　　　制单：张琼

四、实训要求

根据以上 19 笔经济业务所附的原始凭证，选择后附的空白专用记账凭证，将会计分录填列到记账凭证中并注明附件张数。

附专用记账凭证：

收 款 凭 证

借方科目：　　　　　　　　　　　　　年　月　日　　　　　　　　　　字第　号

摘　要	贷方科目		金　额								
	总账科目	明细科目	百	十	万	千	百	十	元	角	分
合　计											

附件　张

会计主管　　　　复核　　　　记账　　　　出纳　　　　制单

收 款 凭 证

借方科目：　　　　　　　　　　　　　　年　月　日　　　　　　　　　　　　字第　号

摘　要	贷方科目		金　额								
	总账科目	明细科目	百	十	万	千	百	十	元	角	分
合　计											

会计主管　　　　复核　　　　记账　　　　出纳　　　　制单

收 款 凭 证

借方科目：　　　　　　　　　　　　　　年　月　日　　　　　　　　　　　　字第　号

摘　要	贷方科目		金　额								
	总账科目	明细科目	百	十	万	千	百	十	元	角	分
合　计											

会计主管　　　　复核　　　　记账　　　　出纳　　　　制单

收 款 凭 证

借方科目：　　　　　　　　　　　　　　年　月　日　　　　　　　　　　　　字第　号

摘　要	贷方科目		金　额								
	总账科目	明细科目	百	十	万	千	百	十	元	角	分
合　计											

会计主管　　　　复核　　　　记账　　　　出纳　　　　制单

收 款 凭 证

借方科目：　　　　　　　　　　　　年　月　日　　　　　　　　　　　　字第　号

摘　要	贷方科目		金　额								
	总账科目	明细科目	百	十	万	千	百	十	元	角	分
合　计											

会计主管　　　　复核　　　　记账　　　　出纳　　　　制单　　　　　　附件　张

付 款 凭 证

贷方科目：　　　　　　　　　　　　年　月　日　　　　　　　　　　　　字第　号

摘　要	借方科目		金　额								
	总账科目	明细科目	百	十	万	千	百	十	元	角	分
合　计											

会计主管　　　　复核　　　　记账　　　　出纳　　　　制单　　　　　　附件　张

付 款 凭 证

贷方科目：　　　　　　　　　　　　年　月　日　　　　　　　　　　　　字第　号

摘　要	借方科目		金　额								
	总账科目	明细科目	百	十	万	千	百	十	元	角	分
合　计											

会计主管　　　　复核　　　　记账　　　　出纳　　　　制单　　　　　　附件　张

付 款 凭 证

贷方科目： 年 月 日 字第 号

摘 要	借方科目		金 额									附件 张
	总账科目	明细科目	百	十	万	千	百	十	元	角	分	
合 计												

会计主管 复核 记账 出纳 制单

付 款 凭 证

贷方科目： 年 月 日 字第 号

摘 要	借方科目		金 额									附件 张
	总账科目	明细科目	百	十	万	千	百	十	元	角	分	
合 计												

会计主管 复核 记账 出纳 制单

付 款 凭 证

贷方科目： 年 月 日 字第 号

摘 要	借方科目		金 额									附件 张
	总账科目	明细科目	百	十	万	千	百	十	元	角	分	
合 计												

会计主管 复核 记账 出纳 制单

付 款 凭 证

贷方科目：　　　　　　　　　　　　　年　月　日　　　　　　　　　　　　字第　号

摘　要	借方科目		金　额										
	总账科目	明细科目	百	十	万	千	百	十	元	角	分		
												附
												件
												张
合　计												

会计主管　　　　复核　　　　记账　　　　出纳　　　　制单

付 款 凭 证

贷方科目：　　　　　　　　　　　　　年　月　日　　　　　　　　　　　　字第　号

摘　要	借方科目		金　额										
	总账科目	明细科目	百	十	万	千	百	十	元	角	分		
												附
												件
												张
合　计												

会计主管　　　　复核　　　　记账　　　　出纳　　　　制单

付 款 凭 证

贷方科目：　　　　　　　　　　　　　年　月　日　　　　　　　　　　　　字第　号

摘　要	借方科目		金　额										
	总账科目	明细科目	百	十	万	千	百	十	元	角	分		
												附
												件
												张
合　计												

会计主管　　　　复核　　　　记账　　　　出纳　　　　制单

付 款 凭 证

贷方科目：　　　　　　　　　　　　　　　　年　月　日　　　　　　　　　　　　　　字第　号

摘　要	借方科目		金　额								
	总账科目	明细科目	百	十	万	千	百	十	元	角	分
合　　计											

附件　张

会计主管　　　　复核　　　　记账　　　　出纳　　　　制单

转 账 凭 证

年　月　日　　　　　　　　　　　　　　字第　号

摘　要	总账科目	明细科目	借　方									贷　方									记账
			百	十	万	千	百	十	元	角	分	百	十	万	千	百	十	元	角	分	
合　　计　　（附件　张）																					

会计主管　　　　复核　　　　记账　　　　出纳　　　　制单

转 账 凭 证

年　月　日　　　　　　　　　　　　　　字第　号

摘　要	总账科目	明细科目	借　方									贷　方									记账
			百	十	万	千	百	十	元	角	分	百	十	万	千	百	十	元	角	分	
合　　计　　（附件　张）																					

会计主管　　　　复核　　　　记账　　　　出纳　　　　制单

转 账 凭 证

年　月　日　　　　　　　　　　　　字第　号

摘　　要	总账科目	明细科目	借　方									贷　方									记账
			百	十	万	千	百	十	元	角	分	百	十	万	千	百	十	元	角	分	
合　计		（附件　张）																			

会计主管　　　　复核　　　　记账　　　　出纳　　　　制单

转 账 凭 证

年　月　日　　　　　　　　　　　　字第　号

摘　　要	总账科目	明细科目	借　方									贷　方									记账
			百	十	万	千	百	十	元	角	分	百	十	万	千	百	十	元	角	分	
合　计		（附件　张）																			

会计主管　　　　复核　　　　记账　　　　出纳　　　　制单

转 账 凭 证

年　月　日　　　　　　　　　　　　字第　号

摘　　要	总账科目	明细科目	借　方									贷　方									记账
			百	十	万	千	百	十	元	角	分	百	十	万	千	百	十	元	角	分	
合　计		（附件　张）																			

会计主管　　　　复核　　　　记账　　　　出纳　　　　制单

转 账 凭 证

年 月 日　　　　　　　　　　　　　　　　字第　号

摘　要	总账科目	明细科目	借　方									贷　方									记账
			百	十	万	千	百	十	元	角	分	百	十	万	千	百	十	元	角	分	
合　计　　（附件　张）																					

会计主管　　　　复核　　　　　　记账　　　　　　出纳　　　　　　制单

转 账 凭 证

年 月 日　　　　　　　　　　　　　　　　字第　号

摘　要	总账科目	明细科目	借　方									贷　方									记账
			百	十	万	千	百	十	元	角	分	百	十	万	千	百	十	元	角	分	
合　计　　（附件　张）																					

会计主管　　　　复核　　　　　　记账　　　　　　出纳　　　　　　制单

转 账 凭 证

年 月 日　　　　　　　　　　　　　　　　字第　号

摘　要	总账科目	明细科目	借　方									贷　方									记账
			百	十	万	千	百	十	元	角	分	百	十	万	千	百	十	元	角	分	
合　计　　（附件　张）																					

会计主管　　　　复核　　　　　　记账　　　　　　出纳　　　　　　制单

转 账 凭 证

年　月　日　　　　　　　　　　　　　　　　　　　字第　　号

摘　要	总账科目	明细科目	借　方										贷　方										记账
			百	十	万	千	百	十	元	角	分	百	十	万	千	百	十	元	角	分	
合　计　　（附件　张）																					

会计主管　　　　复核　　　　　记账　　　　　出纳　　　　　制单

转 账 凭 证

年　月　日　　　　　　　　　　　　　　　　　　　字第　　号

摘　要	总账科目	明细科目	借　方										贷　方										记账
			百	十	万	千	百	十	元	角	分	百	十	万	千	百	十	元	角	分	
合　计　　（附件　张）																					

会计主管　　　　复核　　　　　记账　　　　　出纳　　　　　制单

实训七　登记会计账簿

一、实训目的

掌握日记账、总分类账、数量金额式明细账及多栏式明细账的登记方法。

二、实训指导

1. 根据审核无误的记账凭证及时登记各种账簿。登记账簿时，应将会计凭证的日期、编号、摘要等逐项登记入账。

2. 账簿登记完毕，应在"过账"栏内标记"√"符号，表示已登记入账，并在记账凭证上签字或盖章。

3. 必须用蓝黑墨水或碳素墨水的笔书写，不得使用铅笔或圆珠笔登账，红色墨水只能在结账画线、改错和冲账时使用。

4. 必须逐页、逐行顺序连续登记，不得隔页、跳行，如不慎发生此种情况，应在空页或空行处用红色墨水对角线画线注销，并注明"此页空白"字样。

5. 账簿记录发生错误时，不得刮、擦、挖补，不得随意涂改或用褪色药水更改字迹，应根据错误的情况，按规定的方法进行更正。

6. "摘要"栏内的说明应简明扼要，文字要规范，"金额"栏内数字应与账簿注明的位数对准，各账户结出余额后，应在"借或贷"栏内写明"借"或"贷"。没有余额的账户在"借或贷"栏内写"平"字，在余额栏元项目内写"0"，元项目前后用"—"表示，即写成"—0—"。

7. 月度结账时，在各账户的最后一笔数字下，结出本月借方、贷方发生额和期末余额，在摘要栏注明"本月发生额及期末余额"字样，并在数字上、下端各画一道红线。

三、实训资料

1. 某企业2020年3月1日现金日记账余额为8 500元，银行存款日记账余额为78 000元。本月发生下列经济业务：

（1）1日，职工陈某预借差旅费2 000元，以现金付讫。

（2）2日，签发现金支票4 000元，从银行提取现金，以备日常开支。

（3）4日，用银行存款2 800元，缴纳未缴的税金。

（4）5日，从银行取得短期借款80 000元，存入开户银行。

（5）5日，签发现金支票46 000元，从银行提取现金，以备发工资。

（6）6日，以现金46 000元发放本月职工工资。

（7）10 日，收到银行通知，某购货单位偿还上月所欠货款 95 000 元，已收妥入账。

（8）10 日，开出转账支票 2 800 元，支付本月生产车间机器的修理费。

（9）11 日，行政管理部门报销购买办公用品费用 180 元，以现金付讫。

（10）12 日，采购员王某报销差旅费 450 元，原借 500 元，余款退回现金。

（11）14 日，以现金 160 元支付本月电话费。

（12）15 日，签发转账支票 24 000 元，支付所欠某供应单位货款。

（13）23 日，签发转账支票 40 000 元，预付供应单位购料款。

（14）25 日，将超过库存限额的现金 3 000 元送存银行。

（15）31 日，用银行存款支付本月生产车间用电费 21 000 元。

（16）31 日，以现金支付销售产品的广告费 400 元。

要求： 根据以上业务编制会计分录，开设并登记库存现金日记账和银行存款日记账。

库存现金日记账

年		凭证号数	对方科目	摘要	√	收入（借方）金额										付出（贷方）金额										结 存 金 额									
月	日					千	百	十	万	千	百	十	元	角	分	千	百	十	万	千	百	十	元	角	分	千	百	十	万	千	百	十	元	角	分

银行存款日记账

年		凭证号数	对方科目	摘要	√	收入（借方）金额										付出（贷方）金额										结存金额									
月	日					千	百	十	万	千	百	十	元	角	分	千	百	十	万	千	百	十	元	角	分	千	百	十	万	千	百	十	元	角	分

2. 某企业 10 月末原材料总分类账户的余额为 248 000 元。其中：甲材料 640 千克，每千克 140 元，计 89 600 元；乙材料 880 千克，每千克 180 元，计 158 400 元。应付账款总分类账户的余额为 160 000 元，其中：红星工厂 90 000 元，红光工厂 70 000 元。该企业 2020年 11 月份发生的部分经济业务如下：

（1）11 月 3 日，向红星工厂购入甲材料 2 000 千克，计 280 000 元，乙材料 1 000 千克，计 180 000 元，材料已验收入库，货款尚未支付。

（2）11 月 5 日，以银行存款支付上月应付红星工厂材料款 90 000 元。

（3）11 月 6 日，向红光工厂购入乙材料 1 400 千克，计 252 000 元，材料已验收入库，货款尚未支付。

（4）11 月 8 日，以银行存款支付上月应付红光工厂材料款 70 000 元。

（5）11 月 13 日，车间生产 A 产品领用甲材料 1 100 千克，计 154 000 元；乙材料 1 900 千克，计 342 000 元。

（6）11 月 16 日，以银行存款支付 11 月 3 日应付红星工厂材料款 460 000 元及 11 月 6日应付红光工厂材料款 252 000 元。

（7）11 月 24 日，生产 B 产品领用甲材料 800 千克，计 112 000 元；乙材料 400 千克，计 72 000 元。

（8）11 月 27 日，向红光工厂购入甲材料 2 400 千克，计 336 000 元，材料已验收入库，货款尚未支付。

（9）11 月 28 日，生产 B 产品领用甲材料 2 700 千克，计 378 000 元。

（10）11月29日，向红光工厂购入甲材料1700千克，计238000元，材料已验收入库，货款尚未支付。

要求：

（1）根据上述资料开设有关总分类账户及明细分类账户，并登记期初余额。

（2）根据上述资料编制会计分录。

（3）根据会计分录按业务发生日期依次登记总分类账户及明细分类账户。

（4）结出各总分类账户及明细分类账户的本期发生额及期末余额，并进行"原材料"和"应付账款"总分类账户与明细分类账户的核对。

原材料 总账

总页 ☐ 分页 ☐

年		凭证		摘要	借 方								贷 方								借或贷	余 额							
月	日	字	号		十	万	千	百	十	元	角	分	十	万	千	百	十	元	角	分		十	万	千	百	十	元	角	分

原材料 明细分类账

明细科目：甲材料

年		凭证		摘要	收 入			发 出			结 存		
月	日	字	号		数量	单价	金额	数量	单价	金额	数量	单价	金额

原材料　明细分类账

明细科目：乙材料

年		凭证		摘　要	收　入			发　出			结　存		
月	日	字	号		数量	单价	金额	数量	单价	金额	数量	单价	金额

应付账款　总账

科目名称：　　　　　　　　　　　　　　　　　　　　　　　　　　　　　　　　总页　　分页

年		凭证		摘　要	借　方								贷　方								借或贷	余　额							
月	日	字	号		十	万	千	百	十	元	角	分	十	万	千	百	十	元	角	分		十	万	千	百	十	元	角	分

应付账款　明细分类账

明细科目：　　　　　　　　　　　　　　　　　　　　　　　　　　　　　　　　总页　　分页

年		凭证		摘　要	借　方								贷　方								借或贷	余　额							
月	日	字	号		十	万	千	百	十	元	角	分	十	万	千	百	十	元	角	分		十	万	千	百	十	元	角	分

应付账款 明细分类账

明细科目：　　　　　　　　　　　　　　　　　　　　　　　　　　　　　　　　总页　　分页

年		凭证		摘　要	借　　方								贷　　方								借或贷	余　　额							
月	日	字	号		十	万	千	百	十	元	角	分	十	万	千	百	十	元	角	分		十	万	千	百	十	元	角	分

3. 某企业 2020 年 5 月份发生如下经济业务：

（1）生产 A 产品领用材料 12 000 元，B 产品领用 18 000 元，车间领用 2 200 元，行政管理部门领用 1 000 元。

（2）分配生产工人工资 5 000 元（其中 A 产品工人工资 3 500 元，B 产品工人工资 1 500 元），车间管理人员工资 1 500 元，行政管理人员工资 2 700 元。

（3）计提车间固定资产折旧 3 590 元，行政管理部门折旧 2 500 元。

（4）按生产工人工资分配结转制造费用。

（5）本月 A 产品全部完工，B 产品全部没有完工，结转完工产品成本。

注："生产成本——A 产品"月初余额 5 900 元，其中直接材料 3 000 元，直接人工 1 700 元，制造费用 1 200 元。

要求：根据上述资料编制会计分录并登记"生产成本——A 产品"明细账、"生产成本——B 产品"明细账、"制造费用"明细账。

生产成本 明细账

产品名称：

2020 年		凭证编号	摘　要	合　计	直接材料	直接人工	制造费用	其他直接支出	……
月	日								

生产成本 明细账

产品名称：

2020年		凭证编号	摘 要	合 计	直接材料	直接人工	制造费用	其他直接支出	……
月	日								

制造费用 明细账

2020年		凭证编号	摘要	合 计	办公费	水电费	折旧费	职工薪资	……
月	日								

实训八 财 产 清 查

一、实训目的

通过实训，掌握财产清查方法及账务处理，会编制银行存款余额调节表。

二、实训资料

1．云锦公司 2020 年 6 月 20 日至月末所记的经济业务如下：

（1）20 日，开出转账支票支付购入甲材料的货款 2 000 元。

（2）21 日，收到销货款 5 000 元，存入银行。

（3）25 日，开出转账支票支付购买甲材料运费 500 元。

（4）27 日，开出转账支票购买办公用品 1 200 元。

（5）28 日，收到销货款 6 800 元，存入银行。

（6）29 日，开出转账支票预付下半年报刊费 600 元。

（7）30 日，银行存款日记账余额为 30 636 元。

云锦公司开户银行转来的对账单所列 20 日至月末经济业务如下：

（1）20 日，代收外地企业汇来的货款 2 800 元。

（2）22 日，收到公司开出的转账支票，金额为 2 000 元。

（3）23 日，收到销货款 5 000 元。

（4）25 日，银行为企业代付水电费 540 元。

（5）28 日，收到公司开出的转账支票，金额为 500 元。

（6）30 日，结算银行存款利息 282 元。

（7）30 日，银行对账单余额为 28 178 元。

要求：根据上述资料，进行银行存款的核对，找出未达账项，并编制"银行存款余额调节表"。

银行存款余额调节表

公司：_____ 　　　　年　月　日

项　　目	余　　额	项　　目	余　　额
企业银行存款日记账余额		银行对账单余额	
加：银行已收，企业未收		加：企业已收，银行未收	
减：银行已付，企业未付		减：企业已付，银行未付	
调节后的存款余额		调节后的存款余额	

2. 某企业银行存款日记账 2020 年 9 月月末余额为 19 825 元，比银行对账单余额多 1 370 元，经逐笔核对，发现有下列未达账项及错误记录：

(1) 银行代企业收取货款 5 000 元，企业尚未入账。

(2) 银行代付水电费 2 450 元，企业尚未入账。

(3) 企业收到转账支票一张，价值 10 400 元，尚未送交银行。

(4) 企业开出转账支票 7 380 元，银行尚未入账。

(5) 企业将存款收入 7 800 元误记为 8 700 元（记账凭证无误）。

要求：

(1) 请指出运用何种错账更正方法，并说明如何更正错账。

(2) 编制银行存款余额调节表。

银行存款余额调节表

公司：＿＿＿＿＿＿＿＿ 年 月 日

项 目	余 额	项 目	余 额
企业银行存款日记账余额		银行对账单余额	
加：银行已收，企业未收		加：企业已收，银行未收	
减：银行已付，企业未付		减：企业已付，银行未付	
调节后的存款余额		调节后的存款余额	

3. 资料：永诚实业有限公司 2020 年 9 月份银行存款日记账和银行对账单上的记录如下：

中国建设银行南京市分行对账单

账号：10-3413010400005678 单位名称：永诚实业有限公司 第 页

日 期	交 易	凭证号	借 方	贷 方	余 额
承上页					100000
9.2	取得短期借款	2600 #		100000	
9.3	提取现金	2604 #	2000		
9.5	支付采购款	2606 #	3510		
9.10	支付采购款	2607 #	40800		
9.15	支付广告费	2609 #	2000		
9.18	代收销货款	2612 #		32500	
9.20	存款利息	2613 #		1930	
9.20	代付电费	2615 #	1000		
9.26	提取现金	2617 #	38000		
9.30	支付货款	2618 #	50800		

企业银行存款日记账

日　期	凭证种类	摘　要	借　方	贷　方	余　额
期初余额					100000
9.3	2600 #	取得短期贷款	100000		
9.5	2606 #	支付钢材款		3510	
9.8	2607 #	支付钢材款		40800	
9.10	2608 #	收取销货款	16800		
9.15	2609 #	支付广告费		2000	
9.18	2610 #	支付办公费		500	
9.20	2612 #	收取销货款	32500		
9.25	2611 #	支付税金		4950	
9.26	2617 #	提取现金		38000	
9.30	2618 #	支付货款		50800	

要求：

（1）根据资料分别计算银行存款日记账和银行对账单账面余额。

（2）查明未达账项后，编制9月份银行存款余额调节表。

银行存款余额调节表

公司：_____　　　　　年　月　日

项　目	余　额	项　目	余　额
企业银行存款日记账余额		银行对账单余额	
加：银行已收，企业未收		加：企业已收，银行未收	
减：银行已付，企业未付		减：企业已付，银行未付	
调节后的存款余额		调节后的存款余额	

实训九　编制会计报表

项目（一）编制资产负债表

一、实训目的

通过编制资产负债表，使学生熟悉资产负债表的基本结构和编制要求，掌握资产负债表有关项目的填列与计算方法。

二、实训资料

南京晨光有限责任公司 2020 年 6 月 30 日全部总账账户及有关明细账账户的期末余额如下：

总 分 类 账

会计科目：库存现金　　　　　　　　　　　　　　　　　　　　　　第　页

2020年 月	日	凭证 字	号	摘要	借方 十	万	千	百	十	元	角	分	贷方 十	万	千	百	十	元	角	分	借或贷	余额 十	万	千	百	十	元	角	分
6	1			期初余额																	借			1	0	0	0	0	0
	10	汇	1	1～10日汇总												3	0	0	0	0	借				7	0	0	0	0
	20	汇	2	11～20日汇总		2	6	0	0	0	0	0		1	8	3	0	0	0		借			1	4	7	0	0	0
	30	汇	3	21～30日汇总		1	0	0	0	0	0	0		1	6	7	0	0	0		借				8	0	0	0	0
	30			本月合计		3	6	0	0	0	0	0		3	8	0	0	0	0		借				8	0	0	0	0

总 分 类 账

会计科目：银行存款　　　　　　　　　　　　　　　　　　　　　　第　页

2020年 月	日	凭证 字	号	摘要	借方 十	万	千	百	十	元	角	分	贷方 十	万	千	百	十	元	角	分	借或贷	余额 十	万	千	百	十	元	角	分
6	1			期初余额																	借		8	6	0	0	0	0	0
	10	汇	1	1～10日汇总		3	1	8	0	0	0	0		4	6	3	0	0	0	0	借		7	1	5	0	0	0	0
	20	汇	2	11～20日汇总		2	2	5	0	0	0	0		5	1	0	0	0	0	0	借		4	3	0	0	0	0	0
	30	汇	3	21～30日汇总		4	1	7	5	0	0	0		1	4	7	5	0	0	0	借		7	0	0	0	0	0	0
	30			本月合计		9	6	0	5	0	0	0	1	1	2	0	5	0	0	0	借		7	0	0	0	0	0	0

总 分 类 账

会计科目：应收账款　　　　　　　　　　　　　　　　　　　　　　　　　　第　页

月	日	字	号	摘要	借方 十万	万	千	百	十	元	角	分	贷方 十万	万	千	百	十	元	角	分	借或贷	余额 十万	万	千	百	十	元	角	分
6	1			期初余额																	借			5	0	0	0	0	0
	10	汇	1	1～10日汇总											5	0	0	0	0	0	平								0
	20	汇	2	11～20日汇总		1	2	0	0	0	0	0			8	8	0	0	0	0	借			3	2	0	0	0	0
	30			本月合计		1	2	0	0	0	0	0		1	3	8	0	0	0	0	借			3	2	0	0	0	0

注：应收账款——长江公司　贷余800　　应收账款——宏达公司　借余4000

总 分 类 账

会计科目：交易性金融资产　　　　　　　　　　　　　　　　　　　　　　　第　页

月	日	字	号	摘要	借方 十万	万	千	百	十	元	角	分	贷方 十万	万	千	百	十	元	角	分	借或贷	余额 十万	万	千	百	十	元	角	分
6	1			期初余额																	借		6	5	0	0	0	0	0
	20	汇	2	11～20日汇总		2	0	0	0	0	0	0		7	0	0	0	0	0	0	借		1	5	0	0	0	0	0
	30			本月合计		2	0	0	0	0	0	0		7	0	0	0	0	0	0	借		1	5	0	0	0	0	0

总 分 类 账

会计科目：预付账款　　　　　　　　　　　　　　　　　　　　　　　　　　第　页

月	日	字	号	摘要	借方 十万	万	千	百	十	元	角	分	贷方 十万	万	千	百	十	元	角	分	借或贷	余额 十万	万	千	百	十	元	角	分
6	1			期初余额																	借		2	5	0	0	0	0	0
	10	汇	1	1～10日汇总										1	5	0	0	0	0	0	借		1	0	0	0	0	0	0
	30			本月合计										1	5	0	0	0	0	0	借		1	0	0	0	0	0	0

注：预付账款——丽华服装厂　贷余1500　　预付账款——绿城公司　借余11500

总 分 类 账

会计科目：其他应收款　　　　　　　　　　　　　　　　　　　　　　　第　页

2020年		凭证		摘要	借方								贷方								借或贷	余额							
月	日	字	号		十万	万	千	百	十	元	角	分	十万	万	千	百	十	元	角	分		十万	万	千	百	十	元	角	分
6	1			期初余额																	借			6	0	0	0	0	0
	20	汇	2	11～20日汇总											5	0	0	0	0	0	借			1	0	0	0	0	0
	30	汇	3	21～30日汇总			2	0	0	0	0	0			1	0	0	0	0	0	借			2	0	0	0	0	0
	30			本月合计			2	0	0	0	0	0			6	0	0	0	0	0	借			2	0	0	0	0	0

总 分 类 账

会计科目：原材料　　　　　　　　　　　　　　　　　　　　　　　　　第　页

2020年		凭证		摘要	借方								贷方								借或贷	余额							
月	日	字	号		十万	万	千	百	十	元	角	分	十万	万	千	百	十	元	角	分		十万	万	千	百	十	元	角	分
6	1			期初余额																	借		7	5	0	0	0	0	0
	10	汇	1	1～10日汇总			6	0	0	0	0	0			5	0	0	0	0	0	借		7	6	0	0	0	0	0
	20	汇	2	11～20日汇总			5	2	0	0	0	0			5	6	0	0	0	0	借		7	5	6	0	0	0	0
	30	汇	3	21～30日汇总			2	0	0	0	0	0			7	6	0	0	0	0	借		7	0	0	0	0	0	0
	30			本月合计		1	3	2	0	0	0	0		1	8	2	0	0	0	0	借		7	0	0	0	0	0	0

总 分 类 账

会计科目：库存商品　　　　　　　　　　　　　　　　　　　　　　　第　页

2020年		凭证		摘要	借方								贷方								借或贷	余额							
月	日	字	号		十万	万	千	百	十	元	角	分	十万	万	千	百	十	元	角	分		十万	万	千	百	十	元	角	分
6	1			期初余额																	借		4	2	0	0	0	0	0
	30	汇	3	21～30日汇总		3	7	5	0	0	0	0		1	4	5	0	0	0	0	借		6	5	0	0	0	0	0
	30			本月合计		3	7	5	0	0	0	0		1	4	5	0	0	0	0	借		6	5	0	0	0	0	0

总 分 类 账

会计科目：生产成本　　　　　　　　　　　　　　　　　　　　　　　　　第　页

2020年		凭证		摘要	借方								贷方								借或贷	余额							
月	日	字	号		十	万	千	百	十	元	角	分	十	万	千	百	十	元	角	分		十	万	千	百	十	元	角	分
6	1			期初余额																	借		1	3	0	0	0	0	0
	10	汇	1	1～10日汇总		2	9	4	0	0	0	0									借		4	2	4	0	0	0	0
	20	汇	2	11～20日汇总		1	6	8	0	0	0	0									借		5	9	2	0	0	0	0
	30	汇	3	21～30日汇总		3	0	0	0	0	0	0		6	6	0	0	0	0	0	借		2	3	2	0	0	0	0
	30			本月合计		7	6	2	0	0	0	0		6	6	0	0	0	0	0	借		2	3	2	0	0	0	0

总 分 类 账

会计科目：固定资产　　　　　　　　　　　　　　　　　　　　　　　　　第　页

2020年		凭证		摘要	借方								贷方								借或贷	余额							
月	日	字	号		十	万	千	百	十	元	角	分	十	万	千	百	十	元	角	分		十	万	千	百	十	元	角	分
6	1			期初余额																	借	5	5	0	0	0	0	0	0
	20	汇	2	11～20日汇总		9	0	0	0	0	0	0									借	6	4	0	0	0	0	0	0
	30			本月合计		9	0	0	0	0	0	0									借	6	4	0	0	0	0	0	0

总 分 类 账

会计科目：累计折旧　　　　　　　　　　　　　　　　　　　　　　　　　第　页

2020年		凭证		摘要	借方								贷方								借或贷	余额							
月	日	字	号		十	万	千	百	十	元	角	分	十	万	千	百	十	元	角	分		十	万	千	百	十	元	角	分
6	1			期初余额																	贷		1	5	0	0	0	0	0
	30	汇	3	21～30日汇总											5	0	0	0	0	0	贷		2	0	0	0	0	0	0
	30			本月合计											5	0	0	0	0	0	贷		2	0	0	0	0	0	0

总 分 类 账

会计科目：短期借款　　　　　　　　　　　　　　　　　　　　　　　　　　　　　第　页

月	日	字	号	摘要	借方十万	万	千	百	十	元	角	分	贷方十万	万	千	百	十	元	角	分	借或贷	余额十万	万	千	百	十	元	角	分
6	1			期初余额																	贷		7	5	0	0	0	0	0
	20	汇	2	11～20日汇总										1	5	0	0	0	0	0	贷		9	0	0	0	0	0	0
	30			本月合计										1	5	0	0	0	0	0	贷		9	0	0	0	0	0	0

总 分 类 账

会计科目：应付账款　　　　　　　　　　　　　　　　　　　　　　　　　　　　　第　页

月	日	字	号	摘要	借方十万	万	千	百	十	元	角	分	贷方十万	万	千	百	十	元	角	分	借或贷	余额十万	万	千	百	十	元	角	分
6	1			期初余额																	贷		7	5	0	0	0	0	0
	10	汇	1	1～10日汇总		2	5	0	0	0	0	0		6	0	0	0	0	0	0	贷	1	1	0	0	0	0	0	0
	30	汇	3	21～30日汇总	1	2	2	0	0	0	0	0		5	0	0	0	0	0	0	贷		3	8	0	0	0	0	0
	30			本月合计	1	4	7	0	0	0	0	0	1	1	0	0	0	0	0	0	贷		3	8	0	0	0	0	0

注：应付账款——东方公司　　借余 2000　　应付账款——万达公司　　贷余 40000

总 分 类 账

会计科目：预收账款　　　　　　　　　　　　　　　　　　　　　　　　　　　　　第　页

月	日	字	号	摘要	借方十万	万	千	百	十	元	角	分	贷方十万	万	千	百	十	元	角	分	借或贷	余额十万	万	千	百	十	元	角	分
6	1			期初余额																	贷			2	0	0	0	0	0
	30	汇	3	21～30日汇总			6	0	0	0	0	0		1	0	0	0	0	0	0	贷			6	0	0	0	0	0
	30			本月合计			6	0	0	0	0	0		1	0	0	0	0	0	0	贷			6	0	0	0	0	0

注：预收账款——泰达公司　　贷余 8500　　预收账款——华泰公司　　借余 2500

总 分 类 账

会计科目：其他应付款　　　　　　　　　　　　　　　　　　　　　　第　页

2020年月	日	字	号	摘　要	借方十万	千	百	十	元	角	分	贷方十万	千	百	十	元	角	分	借或贷	余额十万	千	百	十	元	角	分
6	1			期初余额															贷		2	0	0	0	0	0
	10	汇	1	1～10日汇总		4	0	0	0	0	0		6	0	0	0	0	0	贷		4	0	0	0	0	0
	30			本月合计		4	0	0	0	0	0		6	0	0	0	0	0	贷		4	0	0	0	0	0

总 分 类 账

会计科目：应付职工薪酬　　　　　　　　　　　　　　　　　　　　　第　页

2020年月	日	字	号	摘　要	借方十万	千	百	十	元	角	分	贷方十万	千	百	十	元	角	分	借或贷	余额十万	千	百	十	元	角	分
6	1			期初余额															贷	3	1	5	0	0	0	0
	10	汇	1	1～10日汇总	3	1	5	0	0	0	0								平					0		
	30	汇	3	21～30日汇总								3	2	4	0	0	0	0	贷	3	2	4	0	0	0	0
	30			本月合计	3	1	5	0	0	0	0	3	2	4	0	0	0	0	贷	3	2	4	0	0	0	0

总 分 类 账

会计科目：应交税费　　　　　　　　　　　　　　　　　　　　　　　第　页

2020年月	日	字	号	摘　要	借方十万	千	百	十	元	角	分	贷方十万	千	百	十	元	角	分	借或贷	余额十万	千	百	十	元	角	分
6	1			期初余额															贷	1	1	7	0	0	0	0
	10	汇	1	1～10日汇总	1	1	7	0	0	0	0		3	4	0	0	0	0	贷		3	4	0	0	0	0
	20	汇	2	11～20日汇总									2	5	5	0	0	0	贷		5	9	5	0	0	0
	30	汇	3	21～30日汇总									4	8	5	0	0	0	贷	1	0	8	0	0	0	0
	30			本月合计	1	1	7	0	0	0	0	1	0	8	0	0	0	0	贷	1	0	8	0	0	0	0

总 分 类 账

会计科目：长期借款　　　　　　　　　　　　　　　　　　　　　　　　　　　　　第　页

月	日	字	号	摘要	借方 十	万	千	百	十	元	角	分	贷方 十	万	千	百	十	元	角	分	借或贷	余额 十	万	千	百	十	元	角	分
6	1			期初余额																	贷	6	0	0	0	0	0	0	0
	10	汇	1	1～10日汇总		1	0	0	0	0	0	0									贷	5	0	0	0	0	0	0	0
	30			本月合计		1	0	0	0	0	0	0									贷	5	0	0	0	0	0	0	0

总 分 类 账

会计科目：实收资本　　　　　　　　　　　　　　　　　　　　　　　　　　　　　第　页

月	日	字	号	摘要	借方 十	万	千	百	十	元	角	分	贷方 十	万	千	百	十	元	角	分	借或贷	余额 十	万	千	百	十	元	角	分
6	1			期初余额																	贷	5	0	0	0	0	0	0	0
	10	汇	1	1～10日汇总										5	0	0	0	0	0	0	贷	5	5	0	0	0	0	0	0
	30			本月合计										5	0	0	0	0	0	0	贷	5	5	0	0	0	0	0	0

总 分 类 账

会计科目：盈余公积　　　　　　　　　　　　　　　　　　　　　　　　　　　　　第　页

月	日	字	号	摘要	借方 十	万	千	百	十	元	角	分	贷方 十	万	千	百	十	元	角	分	借或贷	余额 十	万	千	百	十	元	角	分
6	1			期初余额																	贷		2	4	0	0	0	0	0

总 分 类 账

会计科目：利润分配　　　　　　　　　　　　　　　　　　　　　　　　　　　　　第　页

月	日	字	号	摘要	借方 十	万	千	百	十	元	角	分	贷方 十	万	千	百	十	元	角	分	借或贷	余额 十	万	千	百	十	元	角	分
6	1			期初余额																	贷		7	4	0	0	0	0	0

要求： 根据实训资料，编制资产负债表。

资产负债表

编制单位：　　　　　　　　　　　　年　月　日　　　　　　　　　　单位：元

资　产	年初数	期末数	负债和所有者权益（或股东权益）	年初数	期末数
流动资产：			流动负债：		
货币资金			短期借款		
交易性金融资产			交易性金融负债		
应收票据			应付票据		
应收账款			应付账款		
预付账款			预收款项		
应收利息			应付职工薪酬		
应收股利			应交税费		
其他应收款			应付利息		
存货			应付股利		
一年内到期的非流动资产			其他应付款		
其他流动资产			一年内到期的非流动负债		
流动资产合计			其他流动负债		
非流动资产：			流动负债合计		
可供出售金融资产			非流动负债：		
持有至到期投资			长期借款		
长期应收款			应付债券		
长期股权投资			长期应付款		
投资性房地产			专项应付款		
固定资产			预计负债		
在建工程			递延所得税负债		
工程物资			其他非流动负债		
固定资产清理			非流动负债合计		
生产性生物资产			负债合计		
油气资产			所有者权益（或股东权益）：		
无形资产			实收资本（或股本）		
开发支出			资本公积		
商誉			减：库存股		
长期待摊费用			盈余公积		
递延所得税资产			未分配利润		
其他非流动资产					
非流动资产合计			所有者权益（或股东权益）合计		
资产总计			负债和所有者权益（或股东权益）总计		

项目（二）编制利润表

一、实训目的

通过编制利润表，使学生熟悉利润表的基本结构和编制要求，掌握利润表有关项目的填列与计算方法。

二、实训资料

江苏天衡有限责任公司 2020 年 6 月份有关损益类账户如下：

总 分 类 账

会计科目：主营业务收入　　　　　　　　　　　　　　　　　　　　　　第　页

2020年		凭证		摘　要	借　方								贷　方								借或贷	余　额							
月	日	字	号		十	万	千	百	十	元	角	分	十	万	千	百	十	元	角	分		十	万	千	百	十	元	角	分
6	10	汇	1	1～10日汇总										4	5	0	0	0	0	0	贷		4	5	0	0	0	0	0
	20	汇	2	11～20日汇总										5	2	0	0	0	0	0	贷		9	7	0	0	0	0	0
	30	汇	3	21～30日汇总		1	6	1	0	0	0	0		6	4	0	0	0	0	0	平						0		
	30			本月合计		1	6	1	0	0	0	0		1	6	1	0	0	0	0	平						0		

总 分 类 账

会计科目：主营业务成本　　　　　　　　　　　　　　　　　　　　　　第　页

2020年		凭证		摘　要	借　方								贷　方								借或贷	余　额							
月	日	字	号		十	万	千	百	十	元	角	分	十	万	千	百	十	元	角	分		十	万	千	百	十	元	角	分
6	10	汇	1	1～10日汇总		3	6	0	0	0	0	0									借		3	6	0	0	0	0	0
	20	汇	2	11～20日汇总		5	0	9	0	0	0	0									借		8	6	9	0	0	0	0
	30	汇	3	21～30日汇总		4	1	1	0	0	0	0		1	2	8	0	0	0	0	平						0		
	30			本月合计		1	2	8	0	0	0	0		1	2	8	0	0	0	0	平						0		

总 分 类 账

会计科目：税金及附加   第　页

2020年		凭证		摘　要	借　方								贷　方								借或贷	余　额							
月	日	字	号		十	万	千	百	十	元	角	分	十	万	千	百	十	元	角	分		十	万	千	百	十	元	角	分
6	10	汇	1	1～10日汇总			1	3	5	0	0	0									借			1	3	5	0	0	0
	20	汇	2	11～20日汇总			1	5	6	0	0	0									借			2	9	1	0	0	0
	30	汇	3	21～30日汇总			1	9	2	0	0	0			4	8	3	0	0	0	平								0
	30			本月合计			4	8	3	0	0	0			4	8	3	0	0	0	平								0

总 分 类 账

会计科目：销售费用   第　页

2020年		凭证		摘　要	借　方								贷　方								借或贷	余　额							
月	日	字	号		十	万	千	百	十	元	角	分	十	万	千	百	十	元	角	分		十	万	千	百	十	元	角	分
6	10	汇	1	1～10日汇总			1	0	0	0	0	0									借			1	0	0	0	0	0
	30	汇	3	21～30日汇总				8	5	0	0	0			1	8	5	0	0	0	平								0
	30			本月合计			1	8	5	0	0	0			1	8	5	0	0	0	平								0

总 分 类 账

会计科目：管理费用   第　页

2020年		凭证		摘　要	借　方								贷　方								借或贷	余　额							
月	日	字	号		十	万	千	百	十	元	角	分	十	万	千	百	十	元	角	分		十	万	千	百	十	元	角	分
6	10	汇	1	1～10日汇总			4	5	0	0	0	0									借			4	5	0	0	0	0
	30	汇	3	21～30日汇总			3	3	0	0	0	0			7	8	0	0	0	0	平								0
	30			本月合计			7	8	0	0	0	0			7	8	0	0	0	0	平								0

总 分 类 账

会计科目：财务费用　　　　　　　　　　　　　　　　　　　　　　　第　　页

2020年		凭证		摘　要	借　方								贷　方								借或贷	余　额							
月	日	字	号		十	万	千	百	十	元	角	分	十	万	千	百	十	元	角	分		十	万	千	百	十	元	角	分
6	20	汇	2	11～20日汇总				2	0	0	0	0									借				2	0	0	0	0
	30	汇	3	21～30日汇总				1	0	0	0	0				1	2	0	0	0	平							0	
	30			本月合计				1	2	0	0	0				1	2	0	0	0	平							0	

总 分 类 账

会计科目：营业外收入　　　　　　　　　　　　　　　　　　　　　　　第　　页

2020年		凭证		摘　要	借　方								贷　方								借或贷	余　额							
月	日	字	号		十	万	千	百	十	元	角	分	十	万	千	百	十	元	角	分		十	万	千	百	十	元	角	分
6	30	汇	3	21～30日汇总				8	0	0	0	0				8	0	0	0	0	平							0	
	30			本月合计				8	0	0	0	0				8	0	0	0	0	平							0	

总 分 类 账

会计科目：营业外支出　　　　　　　　　　　　　　　　　　　　　　　第　　页

2020年		凭证		摘　要	借　方								贷　方								借或贷	余　额							
月	日	字	号		十	万	千	百	十	元	角	分	十	万	千	百	十	元	角	分		十	万	千	百	十	元	角	分
6	10	汇	1	1～10日汇总				3	0	0	0	0									借				3	0	0	0	0
	30	汇	3	21～30日汇总												3	0	0	0	0	平							0	
	30			本月合计				3	0	0	0	0				3	0	0	0	0	平							0	

总 分 类 账

会计科目：所得税费用　　　　　　　　　　　　　　　　　　　　　　第　页

2020年		凭证		摘　要	借　方								贷　方								借或贷	余　额							
月	日	字	号		十	万	千	百	十	元	角	分	十	万	千	百	十	元	角	分		十	万	千	百	十	元	角	分
6	30	汇	3	21～30日汇总			5	8	8	1	0	0			5	8	8	1	0	0	平								0
	30			本月合计			5	8	8	1	0	0			5	8	8	1	0	0	平								0

要求： 根据实训资料，编制利润表。

利 润 表

编制单位　　　　　　　　　　　　　　　年　月　　　　　　　　　　单位：元

项　　目	本期金额	上期金额
一、营业收入		150000
减：营业成本		116000
税金及附加		4650
销售费用		2600
管理费用		7960
财务费用		640
资产减值损失		
加：公允价值变动收益（损失以"–"号填列）		
投资收益（损失以"–"号填列）		2100
其中：对联营企业和合营企业的投资收益		
二、营业利润（亏损以"–"号填列）		20250
加：营业外收入		1000
减：营业外支出		
其中：非流动资产处置损失		
三、利润总额（亏损总额以"–"号填列）		21250
减：所得税费用		7013
四、净利润（净亏损以"–"号填列）		14237
五、每股收益		
（一）基本每股收益		
（二）稀释每股收益		

实训十 会计凭证装订

一、实训目的

掌握凭证装订基本要领，使装订后的凭证既牢固，防止散失和任意抽取，同时还美观大方，达到"四边齐、表面平、无凹凸、书本型"的标准。

二、装订规范指导

1. 装订之前，要设计一下，看一个月的记账凭证究竟订成几册为好。每册的厚薄应基本保持一致，不能把几张应属一份记账凭证附件的原始凭证拆开装订在两册之中，要做到既美观大方又便于翻阅。一本凭证，厚度一般以 1.5～2.0 厘米为宜。过薄，不利于竖立放置；过厚，不便于翻阅核查。凭证装订的各册，一般以月份为单位，每月订成一册或若干册。凭证少的单位，可以将若干个月份的凭证合并订成一册，在封皮注明本册所含的凭证月份。

2. 由于原始凭证往往大于记账凭证，从而折叠过多，这样一本凭证就显得中间厚，装订线的位置薄。这时可以用一些纸折成许多三角形，均匀地垫在装订线的位置，这样装订出来的凭证就显得整齐了。

3. 做好装订前材料、工具的配备：

一般装订工具配备如下：铡刀 1 架；取钉器 1 只；大剪刀 1 把；大针 1 枚（用回形针折成 V 形亦可）；装订线若干；手电钻 1 把（或装订机 1 台）；胶水 1 瓶；凭证封面、封底、包角纸若干；装订台一张（亦可用方凳代替）；铁锤头 1 只；木垫板 1 块；铁夹若干只；美工刀一把。

4. 装订前的整理：

（1）分类整理，按顺序排列，检查日数、编号是否齐全。

（2）按凭证汇总日期归集（如按上、中、下旬汇总归集）确定装订成册的本数。

（3）摘除凭证内的金属物（如订书钉、大头针、回形针）。对大的张页或附件要折叠成同记账凭证大小，且要避开装订线，以便翻阅，保持数字完整。

（4）整理检查凭证顺序号，如有颠倒要重新排列，发现缺号要查明原因。再检查附件有否漏缺，领料单，入库单，工资、奖金发放单是否随附齐全。

（5）记账凭证上有关人员（如财务主管、复核、记账、制单等）的印章是否齐全。

5. 装订方法及装订步骤：

（1）取凭证封面和封底各一张，分别附在待装订凭证的前面和后面，再拿一张质地相同的纸（可以再找一张凭证封皮，裁下一半用，另一半为订下一本凭证备用）放在封皮上角，做护角线。将待装订的凭证分别以左边和上边为基准墩齐，用夹子夹紧，封面、封底应用较为结实、耐磨、韧性较强的牛皮纸等。

（2）在凭证的左上角护角纸上画一边长为 5 厘米的等腰三角形，用装订机在底线上间距均匀地打两个孔。

（3）用大针引线绳穿过两个孔，如果没有针，可以将回形别针顺直，然后两端折向同一个方向，折向时将线绳夹紧，即可把线引过来，因为一般装订机打出的孔是可以穿过的。首先，从封面左顶角第一个孔向下串装订线，尾线留长度大约6厘米以备用，然后从封底将线绕左角第一孔包住成口字形；其次，从封底将线从第二孔向上穿过，再从封面绕封底第二孔向上穿过收紧，将封面上的尾线向第二孔向下穿过，将两根线用力拉紧再在封底第二孔处背面打结。线绳应把凭证两端全系上。

（4）将护角纸向左上侧折，并将一侧剪开至凭证的左上角，然后抹上胶水。

（5）向上折叠，将侧面和背面的线绳扣粘死。

二孔装订法如图2-10-1所示。

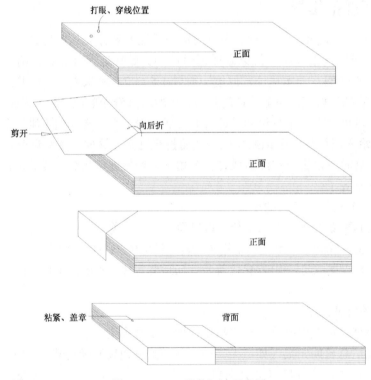

图 2-10-1　二孔装订法示意图

6. 会计凭证装订后的注意事项：

（1）在封面上编好卷号，按编号顺序入柜，并要在外露一侧标明凭证种类编号，以便于调阅。

（2）待晾干后，在凭证本的侧脊上面写上"某年某月第几册共几册"的字样。装订人在装订线封签处签名或者盖章。现金凭证、银行凭证和转账凭证应依次顺序编号，一个月从头编一次序号，如果单位的凭证少，可以全年顺序编号。

三、实训内容

根据综合实训经济业务的原始凭证及记账凭证，按照凭证装订规范步骤完成会计凭证装订。

实训十一 基础会计模拟综合实训

一、实训目的

模拟一个经济业务比较简单的企业，以适量、不同类别、较为典型的经济业务，按照会计核算程序进行系统的综合，从建账开始，到审核原始凭证、填制和审核记账凭证、登记各类明细账和总账、编制出会计报表，完成一个会计循环的全过程，以便于学生完整地了解和掌握基础会计教材的内容及各章节之间的联系，加深对会计循环的理解，从而达到初步掌握会计核算的基本操作技能，巩固与提高对会计基本理论知识的掌握，以及进一步学习之目的。

二、实训操作程序

每次实训都应在实训指导教师的具体指导下进行，学生应认真完成各个实训任务。会计模拟实训操作一般包括以下几个步骤：

（一）建账

根据模拟实训资料所提供的相关内容，设置相关的会计科目，并在此基础上开设总分类账户、明细分类账户和库存现金日记账、银行存款日记账，并按规定设置专栏，同时将期初余额记入所设置的相关账户的余额栏内，摘要栏填写"期初余额"。

（二）审核或填制原始凭证

根据提供的资料逐笔审核原始凭证或原始凭证汇总表，需填制的原始凭证或原始凭证汇总表根据资料进行填制。

（三）编制记账凭证

根据审核无误的原始凭证或原始凭证汇总表，编制记账凭证。

（四）登记日记账、明细账

根据有关记账凭证及所附原始凭证逐日逐笔按规定序时登记库存现金日记账、银行存款日记账，逐日结出库存现金余额、银行存款余额，以示日清月结。根据有关记账凭证及所附原始凭证或原始凭证汇总表，顺序登记有关明细账。

（五）登记总账

根据记账凭证，登记相关的总分类账。

（六）对账

根据已登记总账的期初余额、本期发生额及期末余额编制总账余额试算平衡表，并在此基础上将总账与其所属明细账进行核对。

（七）结账

按规定结出有关账户的发生额与余额，并做出结账标记。

（八）编制会计报表

编制 2020 年 12 月 31 日资产负债表、12 月份的利润表。

（九）整理归档

对所编制的会计凭证、会计报表进行加具封面、装订成册等归档整理工作。

三、实训指导

1．建立和启用下列账簿：

（1）建立和启用三栏式现金日记账、三栏式银行存款日记账，登记期初余额。

（2）启用和建立相应格式的明细账，明细账有三本：

1）数量金额式明细账，登记原材料和产成品的收、发、存情况。

2）三栏式明细账，登记结算类账户的增减变化情况。

3）多栏式明细账，登记"生产成本""制造费用""管理费用""应交税费—— 应交增值税"明细账。

（3）建立和启用三栏式总账。每张账页上开设一个账户。

2．审核原始凭证并据以填制记账凭证。

3．逐日逐笔登记现金日记账和银行存款日记账，并办理日结手续和必要的转页手续。

（1）逐日逐笔登账，并按有关规定逐笔结算账户余额，或在每日的账页登记完毕后结算一次账户余额。

（2）账页记录至倒数第二行时，要办理转页手续。

4．逐日逐笔登记明细账，并逐日结算账户余额。

"生产成本"明细账，按产品名称设置，账内借方栏设"直接材料""直接人工""制造费用"三个专栏。水费和电费根据用量直接计入"制造费用"和"管理费用"账户。结转完工产品成本时，如果账页本身没有贷方，则应用红字将金额记入各有关专栏（包括合计数）；如果采用"借""贷""余"多栏式明细账，结转完工产品成本时，应在"贷方"栏用蓝字记一笔总成本金额，同时在借方用红字将金额记入各有关专栏。最后合计借方发生额和贷方发生额并计算出期末余额。

5．月末根据记账凭证编制科目汇总表，然后根据科目汇总表登记总账。

本实训资料要求科目汇总表按月汇总并按月登记。

6．月末办理结账和对账。

（1）检查本期内发生的经济业务（包括根据账簿记录填制的自制原始凭证）是否已全部填制记账凭证，并已登记入账。

（2）办理月结手续，结账时对不同的账户采用不同的方法：

1）对不需要按月结计本期发生额的明细账户（各项应收、应付款明细账和材料物资等存货明细账），每次记账以后，都要随时结出余额，每月最后一笔余额即为月末余额。只需在最后一笔经济业务的下面画一通栏单红线，表示本月份的结束也表示下月份的开始，不需要再结计一次余额。然后再在通栏单红线下继续登记下月份的经济业务。

2）对于现金、银行存款日记账和确需按月结计发生额的收入、费用等明细账，月结时，在最后一笔经济业务的下面画一通栏单红线，表示本月份的结束，并结出本月发生额和余额，在摘要栏内注明"本月合计"或"月结"字样，在其下面再画一通栏单红线，表示下月份的开始。

3）需要结计本年累计发生额的某些明细账，如"本年利润"账户和采用"账结法"计算本年损益的损益类账户，每月结账时，应在"本月合计"或"月结"行下结出自年初至本月末止的累计发生额，登记在月份发生额下面，在摘要栏内注明"本年累计"字样，并在下面画一通栏单红线。12月月末时，"本年累计"就是全年累计发生额，并在其下面再画一通栏双红线，表示本年度的结束。单红线称为结账线，双红线称为封账线。

4）总分类账户平时只需结出月末余额。年终结账时，需将每个总账户结出全年发生额和年末余额，在摘要栏内注明"本年合计"或"年结"字样，并在合计下面画一通栏双红线。

（3）编制"总分类账户本期发生额及余额试算表"以检查账户记录是否正确。

（4）编制原材料、应付账款、应收账款"明细分类账户本期发生额和余额明细表"，以检查总账和其所属明细账的平行登记是否正确（请参见教材有关内容，本实训略）。其他明细账余额或总账所属明细账不多的明细账余额之和直接与有关总账余额核对。

7．编制会计报表。

根据总账记录或"总分类账户本期发生额及余额试算表"和有关的明细账记录，编制月末"资产负债表""利润表"。

8．将全月的记账凭证按顺序装订成册，并加具封皮，存入会计档案加以妥善保管。

四、实训资料

企业基本资料：

企业名称：江苏天明有限公司

增值税一般纳税人，税率 13%，纳税人识别号：320102690430070

地址：南京市龙蟠路 139 号

电话：025-85018788

开户行及账号：南京银行黄浦支行 124012021342

主要生产经营 A、B 两种产品。

2020 年 11 月 30 日全部账户余额资料如下：

1. 总账账户余额见下表：

账户名称	借方	贷方
库存现金	4200	
银行存款	300000	
应收账款	180000	
其他应收款	6600	
原材料	320000	
生产成本	40000	
库存商品	480000	
预付账款	3000	
固定资产	600000	
累计折旧		56000
短期借款		400000
应付账款		120000
预收账款		
应付职工薪酬		125065
应交税费		25535
其他应付款		
应付利息		1000
实收资本		1000000
盈余公积		55700
本年利润		140000
利润分配		10500

2. 有关明细账户余额如下：

（1）"原材料"余额 320 000 元，其中：甲材料 200 吨，单价 1 200 元；乙材料 100 吨，单价 800 元。

（2）"生产成本"余额 40 000 元，其中：A 产品 25 000 元（直接材料 12 000 元、直接人工 6 000 元、制造费用 7 000 元）；B 产品 15 000 元（直接材料 8 000 元、直接人工 3 000元、制造费用 4 000 元）。

（3）"库存商品"余额 480 000 元，其中：A 产品 100 吨，单位成本 2 000 元；B 产品 175 吨，单位成本 1 600 元。

（4）"应收账款"余额 180 000 元，其中：应收红叶公司账款 120 000 元，应收晨光公司 60 000 元。

（5）"其他应收款"余额 6 600 元，其中：职工李军的借款 1 600 元，应收红光公司固定资产租金 5 000 元。

（6）"应付账款"余额 120 000 元，其中：应付东林公司 20 000 元，应付宏达公司 100 000 元。

（7）"应交税费"余额 25 535 元，其中：应交增值税 6 306.31 元，应交城市维护建设税 441.44 元，应交教育费附加 252.25 元，应交所得税 18 535 元。

（8）"预付账款"余额 3 000 元，包括未摊销的报纸杂志费等。

3．江苏天明有限公司 2019 年 12 月 31 日资产负债表和 2020 年 11 月利润表资料。

资产负债表

编制单位：江苏天明有限公司　　　　　2019 年 12 月 31 日　　　　　单位：元

资　　产	年 初 数	期 末 数	负债及所有者权益	年 初 数	期 末 数
流动资产：			流动负债		
货币资金	98200	86780	短期借款	250000	143960
应收账款	120000	105000	应付账款	150000	125000
其他应收款	13200	11000	预收账款		
存货	440000	410000	其他应付款	3450	5400
预付账款	5300	4300	应付职工薪酬	18940	25200
其他流动资产			应交税费	4520	3430
流动资产合计	676700	617080	应付利息	7800	6800
非流动资产：			其他流动负债		
固定资产：			流动负债合计	434710	309790
固定资产原价	600000	600000	非流动负债：		
减：累计折旧	40000	50000	长期借款		
固定资产净值	560000	550000	应付债券		
在建工程			其他长期负债		
无形资产			非流动负债合计		
递延所得税资产			负债合计	434710	309790
其他非流动资产			所有者权益：		
非流动资产合计	560000	550000	实收资本	700000	700000
			资本公积		
			盈余公积	61000	68000
			未分配利润	40990	89290
			所有者权益合计	801990	857290
资产合计	1236700	1167080	负债及所有者权益合计	1236700	1167080

利　润　表

编制单位：江苏天明有限公司　　　　　2020 年 11 月　　　　　单位：元

项　目	本　月　数	本年累计数
一、主营业务收入	250000	3150000
减：主营业务成本	175000	2665000
税金及附加	2500	22050
二、主营业务利润	72500	462950
减：管理费用	10300	178583.33
销售费用	2000	101200
财务费用	1200	32500
三、营业利润	59000	150666.67
加：投资收益		
营业外收入	24100	57800
减：营业外支出	8960	21800
四、利润总额	74140	186666.67
减：所得税	18535	46666.67
五、净利润	55605	140000

4．2020 年 12 月发生的各项经济业务如下：

（1）1 日，收回南京晨光公司前欠购货款 36 000 元存入银行。

（2）2 日，从南京宏达公司购入甲材料 60 吨，单价 1 190 元，计 71 400 元，增值税 9 282 元，价税款全部以银行存款支付，另以现金支付运杂费 300 元，材料已验收入库。

（3）4 日，从江苏东林公司购入乙材料 20 吨，单价 900 元，计 18 000 元，增值税 2 340 元，材料已验收入库，货款尚未支付。

（4）5 日，以银行存款购买设备一台，价款 20 000 元，增值税 2 600 元，该设备已投入使用。

（5）6 日，以银行存款支付办公费 3 200 元，其中生产车间 2 000 元，管理部门 1 200 元。

（6）6 日，从银行提取现金 100 000 元，以备发工资和零星开支。

（7）6 日，以现金发放职工工资 99 000 元。

（8）7 日，采购员张明报销差旅费 1 800 元（出差前未向公司借款），以现金支付。

（9）8 日，收到投资者追加投资 500 000 元，已存入银行。

（10）8 日，财务部职工李军报销差旅费 1 720 元（出差前向公司借款 1 600 元，参见其他应收款明细账期初余额），以现金支付 120 元。

（11）8 日，向南京银行借款 200 000 元，期限三个月，银行已同意，款项已存入银行。

（12）9 日，以银行存款上缴 11 月份应交增值税 6 306.31 元，应交城市维护建设税 441.44 元，应交教育费附加 252.25 元。

（13）12 日，销售 B 产品 25 吨，单价 3 000 元，计 75 000 元，增值税 9 750 元，货款已存入银行。

（14）15 日，接到银行通知，收回红叶公司货款 100 000 元。

（15）16日，向南京晨光公司销售A产品50吨，单价3 200元，计160 000元，增值税20 800元，货款尚未收回。

（16）18日，以银行存款支付宣传广告费用10 000元。

（17）22日，以银行存款支付水电费3 800元（其中生产车间3 200元，管理部门600元），增值税494元。

（18）24日，以银行存款支付下年书报费1 200元。

（19）24日，以银行存款向希望工程捐赠5 000元。

（20）30日，本月领用材料汇总如下：

材料领用汇总表

材料名称	单 价	A产品领用	B产品领用	车间一般耗用	管理部门耗用
甲材料	1200	75吨	—	2吨	3吨
乙材料	800	—	60吨	—	—

（21）30日，结转本月应付职工工资99 000元，其中A产品工人工资50 000元，B产品工人工资30 000元，生产车间管理人员工资4 000元，企业管理人员工资15 000元。

（22）31日，计提本月固定资产折旧费10 000元，其中生产车间8 000元，管理部门2 000元。

（23）31日，摊销本月应负担的书报费120元。

（24）31日，计提本月应负担的借款利息1 000元。

（25）31日，按生产工人工资比例分配并结转本月制造费用。

（26）31日，A产品80吨全部完工（无月末在产品），B产品65吨全部完工，结转本月完工产品生产成本。

（27）31日，结转本月已售产品成本（A产品单位成本为2 215.63元，B单位成本为1 543.85元）。

（28）31日，计算本月应交城市维护建设税1 142.96元，教育费附加816.40元。

（29）31日，收到供应商合同违约罚款收入3 000元，存入银行。

（30）31日，结转本月收入类各账户。

（31）31日，结转本月费用类各账户。

（32）31日，按本月利润总额的25%计提所得税（假设：利润总额＝应纳税所得额）。

（33）31日，结转本月所得税费用。

（34）31日，结转本年税后利润（净利润）。

（35）31日，按税后利润的10%计提法定盈余公积金。

（36）31日，企业决定向投资者分配利润100 000元。

（37）31日，结转已分配利润。

五、实训资料、工具

1. 通用记账凭证一本，记账凭证封皮、封底各一张，线绳一根，胶水、碳素墨水笔或蓝黑的墨水笔一支，打孔机一台（公用）。

2．银行存款日记账、现金日记账各 1 页，原材料明细账（或数量金额式明细账）2 页，库存商品明细账（或产成品明细账或数量金额式明细账）2 页，生产成本明细账（或多栏式明细账）2 页，多栏式明细账 2 页，三栏式明细账 5 页，总账 16 页，科目汇总表 1 张，总分类账户试算平衡表 1 张，资产负债表和利润表各 1 张。

六、实训内容

1．根据资料完成期初建账。

2．根据经济业务编制记账凭证。

3．根据记账凭证登记银行存款日记账、现金日记账。

4．根据记账凭证登记"原材料明细账（或数量金额式明细账）""制造费用明细账（多栏式）""生产成本明细账（或多栏式明细账）""管理费用明细账（多栏式）""库存商品明细账（或产成品明细账或数量金额式明细账）""应收账款明细账（三栏式）""其他应收款明细账（三栏式）""应付账款明细账（三栏式）"。

5．根据记账凭证编制科目汇总表。

6．根据科目汇总表登记总账。

7．结出各账户的本期发生额及期末余额。

8．编制总分类账户试算平衡表。

9．编制 2020 年 12 月 31 日资产负债表和利润表。

注：经济业务原始凭证附后。

综合实训经济业务原始凭证

业务1

工商银行进账单（回单或收账通知）

2020 年 12 月 1 日　　　　　　　　　　　第 102 号

付款人	全　称	南京晨光公司	收款人	全　称	江苏天明有限公司										
	账　号	430101790600123837		账　号	0124012021342										
	开户银行	工商银行小营支行		开户银行	南京银行黄浦支行										

人民币（大写）叁万陆仟元整	千	百	十	万	千	百	十	元	角	分
				3	6	0	0	0	0	0

票据种类	转账支票	南京银行黄浦支行
票据张数	壹	2020.12.1 转讫 (1)
单位主管 会计 复核 记账		收款人开户银行盖章

业务 2-1

江苏增值税专用发票

发票联

No.16428296

开票日期：2020 年 12 月 2 日

购买方	名　称：江苏天明有限公司 纳税人识别号：320102690430070 地址、电话：南京市龙蟠路 139 号 025-85018788 开户行及账号：南京银行黄浦支行 124012021342	密码区	2502-7+0<8<92-9<87<36 08*837532-3725<>*816 5*01-/+0**<87-6239*<4 1*+-326269-42-+7/8>>>5

货物或应税劳务、服务名称	规格型号	单位	数量	单价	金额	税率	税额
甲材料		吨	60	1190	71400.00	13%	9282.00
合　计					¥71400.00		¥9282.00

价税合计（大写）	⊗ 捌万零陆佰捌拾贰元整	¥：80682.00

销售方	名　称：南京宏达有限公司 纳税人识别号：320122488233911 地址、电话：南京市玄武区清流路 3 号 025-86508088 开户行及账号：工商银行汉府支行 33011809032591	备注	南京宏达有限公司 320122488233911 发票专用章

收款人：刘方　　　　复核：张丽　　　　开票人：李明　　　　销售方：（章）

第三联 发票联 购买方记账凭证

业务 2-2

南京银行转账支票存根

支票号码：××××

科　　目：＿＿＿＿＿＿＿＿

对方科目：＿＿＿＿＿＿＿＿

签发日期：2020 年 12 月 2 日

| 收款人：南京宏达有限公司 |
| 金　额：80682.00 |
| 用　途：购货款 |
| 备　注： |

单位主管　　　　　会计

业务 2-3

南京市服务行业发票
发　票　联

客户名称：江苏天明有限公司　　　　2020 年 12 月 2 日

品　名	单　位	数　量	单　价	金　额							备　注
				万	千	百	十	元	角	分	
运杂费						3	0	0	0	0	
合计金额（大写）	叁佰元整		现金收讫			¥ 3	0	0	0	0	以现金支付
开票单位	福安搬运公司（盖章有效）财务专用章		开户银行	工行建山路分理处							
			账　号	2001-258-9561							

开票人：印桦　　　　　　　　　　　　　　　　收款人：姜明

业务 2-4

收　料　单

供货单位：宏达公司　　　　　　　　　　　　　　　　　　编　　号：××

发票号码：25783　　　　　　2020 年 12 月 2 日　　　货物类别：甲材料

货物编号	货物名称	规格	计量单位	数　量		买　价		运杂费	其他	合　计	单位成本	
				应收	实收	单价	金额					
	甲材料		吨	60	60	1190	71400	300		71700	1195	记账联

记账：　　　　　　　　保管：刘英　　　　　　　制单：王强

业务 3-1

江苏增值税专用发票

发 票 联

No. 07818805

开票日期: 2020 年 12 月 4 日

购买方	名　　　称: 江苏天明有限公司 纳税人识别号: 320102690430070 地址、电话: 南京市龙蟠路 139 号 025-85018788 开户行及账号: 南京银行黄浦支行 124012021342	密码区	2502-7+0<8<92-9<87<36 08*837532-3725<>*816 5*01-/+0**<87-6239*<4 1*+-326269-42-+7/8>>>5

货物或应税劳务、服务名称	规格型号	单位	数量	单价	金额	税率	税额
乙材料		吨	20	900	18000.00	13%	2340.00
合　计					¥18000.00		¥2340.00

价税合计（大写）	⊗ 贰万零叁佰肆拾元整	¥: 20340.00

销售方	名　　　称: 江苏东林有限公司 纳税人识别号: 320110679372875 地址、电话: 南京市广州路 99 号 025-85018798 开户行及账号: 南京银行黄浦支行 01240120214331	备注	

收款人: 李立　　　复核: 张杨　　　开票人: 王明　　　销售方:（章）

业务 3-2

收　料　单

供货单位: 东林公司　　　　　　　　　　　　　　　　编　　　号: ××
发票号码: 07818805　　　　　2020 年 12 月 4 日　　　货物类别: 乙材料

货物编号	货物名称	规格	计量单位	数量		买价		运杂费	其他	合计	单位成本
				应收	实收	单价	金额				
	乙材料		吨	20	20	900	18000			18000	900

记账:　　　　　　　保管: 刘英　　　　　　　制单: 王强

业务 4-1

江苏增值税专用发票

发 票 联

No. 02071755

开票日期：2020 年 12 月 5 日

购买方	名　　　称：江苏天明有限公司 纳税人识别号：320102690430070 地址、电话：南京市龙蟠路 139 号 025-85018788 开户行及账号：南京银行黄浦支行 124012021342					密码区	2502-7+0<8<92-9<87<36 08*837532-3725<>*816 5*01-/+0**<87-6239*<4 1*+-326269-42-+7/8>>>5	
货物或应税劳务、服务名称	规格型号	单位	数量	单价	金额	税率	税额	
机床		台	1	20000	20000.00	13%	2600.00	
合　计					¥20000.00		¥2600.00	
价税合计（大写）		⊗ 贰万贰仟陆佰元整				¥：22600.00		
销售方	名　　　称：南京第二机床有限公司 纳税人识别号：320114674929456 地址、电话：南京市雨花台西善桥 69 号 025-86884388 开户行及账号：南京银行鸡鸣寺支行 0136012021009					备注		

收款人：　　　　复核：　　　　开票人：冷莲　　　　销售方：（章）

业务 4-2

南京银行转账支票存根

支票号码：××××

科　　目：＿＿＿＿＿＿＿＿

对方科目：＿＿＿＿＿＿＿＿

签发日期：2020 年 12 月 5 日

收款人：南京第二机床有限公司
金　额：22600.00
用　途：设备款
备　注：

单位主管　　　会计

业务 5-1

办公费分配表

2020 年 12 月 6 日　　　　　　　　　　　　　　　单位：元

应借科目	车间、部门	应分配本月办公费总额	月分配额
	生产车间	2000	
	行政管理部门	1200	
合　计		3200	

业务 5-2

江苏省南京市国家税务局通用手工发票

发 票 联

发票代码 132081170130

付款单位：江苏天明有限公司

开票日期：2020 年 12 月 6 日

项目内容	金　额						备　注	
	千	百	十	元	角	分		第二联 发票联
办公用品一批	3	2	0	0	0	0		
合计人民币（大写）叁仟贰佰元整	3	2	0	0	0	0		

收款单位名称：　发票专用章　　　　　　　开票人：

业务 5-3

南京银行转账支票存根
支票号码：××××
科　　目：＿＿＿＿＿＿＿＿
对方科目：＿＿＿＿＿＿＿＿
签发日期：2020 年 12 月 6 日

收款人：南京新百有限公司
金　额：3200.00
用　途：购办公用品
备　注：

单位主管　　　会计

业务6

南京银行现金支票存根

支票号码：××××

科　　目：_____

对方科目：_____

签发日期：2020 年 12 月 6 日

| 收款人：江苏天明有限公司 |
| 金　额：100000.00 |
| 用　途：工资 |
| 备　注： |

单位主管　　　会计

业务7

工资结算汇总表

2020 年 12 月 6 日

部门	岗位工资	薪级工资	职务津贴	补贴	……	应发工资	公积金	失业保险	……	实发合计
管理部门	5400	7950	5800	800	……	19950	2400	470	……	15000
生产总部	68700	14500	8510	2000	……	93710	15900	2400	……	84000
……	……	……	……	……	……	……	……	……	……	……
合　计										99000

现金付讫

业务8

差旅费报销单

2020 年 12 月 7 日　　　　　　附单据　　张

| 出差人：张明 | | | | | 事由：开供货会 | | | | | | | |

出　发　地			到　达　地			公出补贴			车船飞机费	卧铺	住宿费	市内车费	其他	合　计
月	日	地点	月	日	地点	天数	标准	金额						
12	1	淮安	12	1	上海				129					129
12	5	上海	12	5	淮安	5	60	300	131		640		600	1671
合　计							300	260	640			600	1800

| 报销金额 | 人民币（大写）　壹仟捌佰元整 | 预借旅费 | 补领金额 | 1800.00 |
| | | | 归还金额 | |

现金付讫

会计主管：　　　复核：　　　出纳：　　　报销人：张明

业务 9-1

南京金陵会计师事务所有限公司
验 资 报 告

南金陵会验字（2020）×××号

江苏天明有限公司：

　　我们接受委托，审验了贵公司截至 2020 年 12 月 8 日止新增的注册资本及实收资本情况。按照法律法规、章程的要求出资，提供真实、合法、完整的验资资料，保护资产的安全、完整是全体股东及贵公司的责任。我们的责任是对贵公司新增加注册资本及实收资本情况发表审验意见。我们的审验是依据《中国注册会计师审计准则第 1602 号—— 验资》进行的。在审验过程中，我们结合贵公司的实际情况，实施了检查等必要的审验程序。

　　贵公司原注册资本为人民币 100 万元，实收资本为人民币 100 万元。根据贵公司股东决定和章程修正案的规定，贵公司申请增加注册资本人民币 50 万元，由原股东江苏星海股份有限公司于 2020 年 12 月 8 日之前缴足，变更后注册资本为人民币 150 万元。经我们审验，截至 2020 年 12 月 8 日止，贵公司已收到原股东缴纳的新增注册资本合计人民币 50 万元整。全部为货币出资。

　　同时我们注意到，贵公司本次增资前的注册资本人民币 100 万元，实收资本人民币 100 万元，已经×××会计师事务所审验……（略）

南京金陵会计师事务所有限公司

注册会计师：×××

注册会计师：×××

二〇二〇年十二月八日

业务 9-2

南京银行进账单（回单或收账通知）

2020 年 12 月 8 日　　　　　　　　　　第 121 号

付款人	全　称	星海股份有限公司	收款人	全　称	江苏天明有限公司									
	账　号	013602202100009244		账　号	124012021342									
	开户银行	交通银行三牌楼支行		开户银行	南京银行黄浦支行									
人民币（大写）伍拾万元整				千	百	十	万	千	百	十	元	角	分
						5	0	0	0	0	0	0	0
票据种类						转讫							
						收款人开户银行盖章							

南京银行黄浦支行
2020.12.8

业务 10-1

差旅费报销单

2020 年 12 月 8 日 附单据　张

出差人：李军　　　　　　　　　　　事由：到上海国家会计学院学习

出　发　地			到　达　地			公　出　补　贴			车船飞机费	卧铺	住宿费	市内车费	其他	合　计
月	日	地点	月	日	地点	天数	标准	金额						
12	1	淮安	12	1	上海				130					130
12	5	上海	12	5	淮安	5	60	300	130		640		520	1590
		合　　计						300	260		640		520 现金付讫	1720

报销金额	人民币（大写）壹仟柒佰贰拾元整		预借旅费	1600	补领金额	120
					归还金额	

会计主管：　　　复核：　　　出纳：　　　报销人：李军

业务 10-2

收　据

入账日期：2020 年 12 月 8 日

交款单位　　李军　　　　　收款方式　转账

人民币（大写）壹仟陆佰元整　　　　¥1600.00

收款事由　差旅费报销　　　　　　　　　转账收讫

单位印章　财务专用章　会计主管　周东平　　　收款人　李晓　　　经手人　贺涵

第二联交给付款单位

业务 11

企业借款借据（收账通知）

借款单位：江苏天明有限公司　　　　2020 年 12 月 8 日

贷款种类	生产经营借款	贷款账号		存款账号		33011809032593								
					千	百	十	万	千	百	十	元	角	分
借款金额	人民币（大写）贰拾万元整					¥	2	0	0	0	0	0	0	0
借款用途	生产经营借款			南京银行黄浦支行										
约定还款期限：期限 3 个月			2020.12.8 于 2021 年 3 月 7 日到期											
上列借款已批准发放，转入你单位存款账户。此致　　转讫（1）					（借）_____　（贷）_____　主管　会计　复核　记账　年　月　日									

业务 12-1

电子缴税付款凭证

入库时间：2020 年 12 月 9 号　　　　　　　　　　　系统税票号码：320009004874705201

识别号：320102690430070	全称：江苏天明有限公司
开户银行：中国农业银行南京市玄武支行	账号：124012021342
收款国库：南京市玄武支库	征收机关：南京市国税局第十税务分局
税（费）种名称：增值税	税款限缴期限：2020 年 12 月 15 日
实缴金额（小写）：￥6306.31	所属时期：20201101-20201130
金额合计：（大写）人民币陆仟叁佰零陆元叁角壹分	

第一次打印	打印时间：2020 年 12 月 10 日	备注：

1. 该凭证仅供纳税人内部核算使用，对外不具有任何法律效力。
2. 该凭证信息数据必须与当期银行对账单中信息数据相符，方为有效。
3. 确需正式税票，请持税务登记副本到当地办税服务厅换开正式发票。

业务 12-2

电子缴税付款凭证

入库时间：2020 年 12 月 9 号　　　　　　　　　　　系统税票号码：320009004874705201

识别号：320102690430070	全称：江苏天明有限公司
开户银行：中国农业银行南京市玄武支行	账号：124012021342
收款国库：南京市玄武支库	征收机关：南京市国税局第十税务分局
税（费）种名称：城市维护建设税	税款限缴期限：2020 年 12 月 15 日
实缴金额（小写）：￥441.44	所属时期：20201101-20201130
金额合计：（大写）人民币肆佰肆拾壹元肆角肆分	

第一次打印	打印时间：2020 年 12 月 10 日	备注：

1. 该凭证仅供纳税人内部核算使用，对外不具有任何法律效力。
2. 该凭证信息数据必须与当期银行对账单中信息数据相符，方为有效。
3. 确需正式税票，请持税务登记副本到当地办税服务厅换开正式发票。

业务 12-3

电子缴税付款凭证

网上自行打印

入库时间：2020 年 12 月 9 号   系统税票号码：32000900487470520

识别号：320102690430070	全称：江苏天明有限公司
开户银行：中国农业银行南京市玄武支行	账号：124012021342
收款国库：南京市玄武支库	征收机关：南京市国税局第十税务分局
税（费）种名称：教育费附加	税款限缴期限：2020 年 12 月 15 日
实缴金额（小写）：¥252.25	所属时期：20201101-20201130
金额合计：（大写）人民币贰佰伍拾贰元贰角伍分	

第一次打印	打印时间：2020 年 12 月 10 日	备注：

1. 该凭证仅供纳税人内部核算使用，对外不具有任何法律效力。
2. 该凭证信息数据必须与当期银行对账单中信息数据相符，方为有效。
3. 确需正式税票，请持税务登记副本到当地办税服务厅换开正式发票。

业务 13-1

江苏增值税专用发票

记 账 联

No. 02457890

开票日期：2020 年 12 月 12 日

购买方	名　　称：江苏中北有限公司 纳税人识别号：320106793728755 地址、电话：南京市广州路 88 号 025-84328168 开户行及账号：南京银行黄浦支行 124012021001	密码区	2502-7+0<8<92-9<87<36 08*837532-3725<>*816 5*01-/+0**<87-6239*<4 1*+-326269-42-+7/8>>>5

货物或应税劳务、服务名称	规格型号	单位	数量	单价	金额	税率	税额
B 产品		吨	25	3000	75000.00	13%	9750.00
合　计					¥75000.00		¥9750.00

价税合计（大写）	⊗ 捌万肆仟柒佰伍拾元整	¥：84750.00

销售方	名　　称：江苏天明有限公司 纳税人识别号：320102690430070 地址、电话：南京市龙蟠路 139 号 025-85018788 开户行及账号：南京银行黄浦支行 124012021342	备注	江苏天明有限公司 320102690430070 发票专用章

收款人：   复核：   开票人：李娜   销售方：（章）

第一联　记账联　销售方记账凭证

业务 13-2

产成品发出汇总表

2020 年 12 月 　　　　　　　　　　　　　　　　　单位：元

品　　名	数　　量		单位制造成本	总　成　本
	销　售	其　他		
B 产品	25 吨			
合　　计	—		—	

制表：张玉英

业务 13-3

南京银行进账单（回单或收账通知）

2020 年 12 月 12 日 　　　　　　　　　　　　　　　第 201 号

付款人	全　称	江苏中北有限公司	收款人	全　称	江苏天明有限公司										
	账　号	124012021001		账　号	124012021342										
	开户银行	南京银行黄浦支行		开户银行	南京银行黄浦支行										

人民币（大写）捌万肆仟柒佰伍拾元整	千	百	十	万	千	百	十	元	角	分
			¥	8	4	7	5	0	0	0

票据种类		收款人开户银行盖章 南京银行黄浦支行 2020.12.12 转讫（1）
票据张数		
单位主管　会计　复核　记账		

业务 14

南京银行
BANK OF NANJING

入账通知（回单）

收报日期：2020-12-15

行名：南京银行黄浦支行
业务种类：收款
付款人账号：33011809032591　　　　　　　收款人行号：25120038
付款人户名：红叶公司
大写金额：壹拾万元整
小写金额：100000.00
打印日期：2020-12-15
用途：货款　　　　　　　　　　　付款类型：非延期付款
客户附言：
银行附言：

南京银行黄浦支行
2020.12.15
业务清讫（4）

业务 15-1

江苏增值税专用发票

记 账 联

No. 02457891

开票日期：2020 年 12 月 16 日

购买方	名　　　称：南京晨光有限公司 纳税人识别号：32011809032595 地址、电话：南京龙蟠中路 168 号 025-84723795 开户行及账号：小营工商行 430101790600123837	密码区	2502-7+0<8<92-9<87<36 08*837532-3725<>*816 5*01-/+0**<87-6239*<4 1*+-326269-42-+7/8>>>5

货物或应税劳务、服务名称	规格型号	单位	数量	单价	金额	税率	税额
A 产品		吨	50	3200	160000.00	13%	20800.00
合　计					¥160000.00		¥20800.00

价税合计（大写）	⊗ 壹拾捌万零捌佰元整	¥180800.00

销售方	名　　　称：江苏天明有限公司 纳税人识别号：320102690430070 地址、电话：南京市龙蟠路 139 号 025-85018788 开户行及账号：南京银行黄浦支行 124012021342	备注	江苏天明有限公司 320102690430070 发票专用章

收款人：　　　　复核：　　　　开票人：李娜　　　　销售方：（章）

业务 15-2

产品出库单

库房：　　　　　　　2020 年 12 月 16 日　　　　　　　编号：091214

产品名称	规格型号	计量单位	出库数量	单位成本	金额	备注
A 产品		吨	50			

检验：　　　　　　仓库验收：　　　　　　车间交货人：张康康

业务 16-1

南京银行 电汇凭证（回单）1

委托日期 2020 年 12 月 18 日

汇款人	全　称	江苏天明有限公司	收款人	全　称	北京大地传媒广告有限公司
	账　号	124012021342		账　号	36303102538986
	汇出地点	江苏省 南京市 / 县		汇入地点	北京市 / 县
汇出行名称		南京银行黄浦支行	汇入行名称		农行复兴门支行

金额	人民币 （大写）	壹万元整	亿	千	百	十	万	千	百	十	元	角	分
						¥	1	0	0	0	0	0	0

南京银行黄浦支行
2020.12.18
转讫
（1）

支付密码	
汇出行签章	附加信息及用途： 预付货款

此联是汇出行给汇款人的回单

业务 16-2

北京市广告业统一发票

购货单位：江苏天明有限公司　　　　　2020 年 12 月 18 日　　　　　No：014588

合同号	品名规格	单位	数量	单价	百	十	万	千	百	十	元	角	分	备　注
				金　额										
	广告费						1	0	0	0	0	0	0	
	合　计					¥	1	0	0	0	0	0	0	

合计人民币（大写）壹万元整　　　　　　　　　¥10000.00

单位盖章：北京大地广告传媒有限公司　　　　开票人：王红　　　　收款人：赵亚洲

业务 17-1

江苏增值税专用发票

发票联

No. 17096521

开票日期：2020 年 12 月 22 日

购买方	名　　称：江苏天明有限公司 纳税人识别号：320102690430070 地　址、电话：南京市龙蟠路 139 号 025-85018788 开户行及账号：南京银行黄浦支行 124012021342	密码区	2502-7+0<8<92-9<87<36 08*837532-3725<>*816 5*01-/+0**<87-6239*<4 1*+-326269-42-+7/8>>>5
货物或应税劳务、服务名称	规格型号	单位	数量	单价	金额	税率	税额
电		kW·h	6175	0.6153	3800.00	13%	494.00
合　计					¥3800.00		¥494.00
价税合计（大写）	⊗ 肆仟贰佰玖拾肆元整		¥4294.00				
销售方	名　　称：南京电力有限公司 纳税人识别号：32010355888655X 地　址、电话：南京市中山路 88 号 025-85018798 开户行及账号：工商银行鼓楼支行 43108879001234	备注	南京电力有限公司 32010355888655X 发票专用章

收款人：　　　　复核：　　　　开票人：王珊珊　　　　销售方：（章）

业务 17-2

耗用电费分配表

2020 年 12 月 22 日　　　　　　　　　　　　　　单位：元

应 借 科 目	车间、部门	应分配本月电费总额	月 分 配 额
	生产车间	3200	
	管理部门	600	
合　　计		3800	

业务 17-3

南京银行转账支票存根

支票号码：××××

科　　　目：＿＿＿＿＿＿＿＿

对方科目：＿＿＿＿＿＿＿＿

签发日期：2020 年 12 月 22 日

收款人：南京电力有限公司
金　额：4294.00
用　途：电费
备　注：

单位主管　　　　会计

业务 18-1

南京银行转账支票存根

支票号码：××××

科　　　目：＿＿＿＿＿＿＿＿

对方科目：＿＿＿＿＿＿＿＿

签发日期：2020 年 12 月 24 日

收款人：南京邮政局
金　额：1200.00
用　途：报刊费
备　注：

单位主管　　　　会计

业务 18-2

报刊订阅收据

单位：江苏天明有限公司　　　　　　2020 年 12 月 24 日　　　　　　No:256

报 刊 号	报刊名录	单 位	份 数	单 价	金 额	备 注
××	×××	×	×	××	×××	2021 年度
××	×××	×	×	××	×××	2021 年度
××	×××	×	×	××	×××	2021 年度
合　计	壹仟贰佰元整					¥1200.00

会计：姚艳　　　　　　　　出纳：张秀　　　　　　　　　　制单：宋红

业务 19-1

行政事业性收费专用收款收据

签发日期：　　　　　　　　　2020 年 12 月 24 日　　　　　　（宁）费字第 42 号

交款单位	江苏天明有限公司		收费许可证	字第　　　号
收费项目	希望工程捐款			
计费标准				
收费金额	人民币（大写）伍仟元整			（小写）¥5000.00
收款单位	希望工程基金会	收款人	吴吉祥	交款人　　赵铭

第二联　收据

业务 19-2

南京银行转账支票存根
支票号码：××××
科　　目：＿＿＿＿＿＿
对方科目：＿＿＿＿＿＿
签发日期：2020 年 12 月 24 日

收款人：希望工程基金会
金　额：5000.00
用　途：捐赠
备　注：

单位主管　　　　会计

业务 20-1

材料领用汇总表

材料名称	单 价	A产品领用	B产品领用	车间一般耗用	管理部门耗用
甲材料	1200元	75吨	—	2吨	3吨
乙材料	800元	—	60吨	—	—

业务 20-2

原材料耗用金额计算表

材料用途	材料名称		
	甲 材 料	乙 材 料	合 计
A产品领用	90000		90000
B产品领用		48000	48000
车间一般耗用	2400		2400
管理部门耗用	3600		3600
合 计	96000	48000	144000

业务 21

工资分配表

2020 年 12 月 30 日　　　　　　　　　单位：元

用 途	项 目	
	工 资 总 额	金 额 合 计
生产产品工人——A产品	50000	50000
生产产品工人——B产品	30000	30000
车间管理人员	4000	4000
行政管理人员	15000	15000
合 计	99000	99000

业务 22

折旧费用分配表

2020 年 12 月　　　　　　　　　单位：元

应借科目	车间、部门	应计折旧固定资产原值	月分类折旧率	月折旧额
	一车间	1000000	0.80%	8000
	办公楼	720000	0.28%	2000
合 计				10000

业务 23

待摊费用分配表

2020 年 12 月 31 日　　　　　　　　　单位：元

分　配　对　象		报纸杂志费分配				合　计
管理费用	厂部	120				120
合　计		120				120

业务 24

借款利息费用计算表

2020 年 12 月 31 日　　　　　　　　　单位：元

贷　款　银　行	贷　款　种　类	累　计　积　数	月　利　率	利　息　额
南京银行玄武支行	临时周转借款款息			1000
合　　　计				1000

业务 25

制造费用分配表

2020 年 12 月 31 日　　　　　　　　　单位：元

成本计算对象	分配标准	分配率	分配金额
A 产品	50000		12250
B 产品	30000	0.245	7350
合　　计	80000		19600

会计主管：　　　　　　复核：　　　　　　制表：张玉英

业务 26

产成品入库单

交库单位：　　　　　　2020 年 12 月 31 日　　　　　　编号：091214

产品名称	规格型号	计量单位	交付数量	入库数量	单位成本	金　额	备　注
A 产品		吨	80	80	2215.63	177250	
B 产品		吨	65	65	1543.85	100350	
合　计						277600	

检验：　　　　　　仓库验收：　　　　　　车间交件人：田丽丽

业务 27

主营业务成本计算表

2020 年 12 月 31 日　　　　　　　　　　　　　　　单位：元

产　品　名　称		A 产品	B 产品
本月销售产品	数量（件）	50	25
	单位成本	2215.63	1543.85
	总　成　本	110781.50	38596.25

会计主管：　　　　　复核：　　　　　制表：张玉英

业务 28

城市维护建设税及教育费附加计算表

2020 年 12 月 31 日　　　　　　　　　　　　　　　单位：元

项　　目	金　　额
当期销售额	235000
销售产品销项税额	30550
进项税额	14222
应纳增值税额	16328
应纳消费税额	
流转税额合计	16328
应纳城市维护建设税额（7%）	1142.96
应交教育费附加　　（5%）	816.40

会计主管：　　　　　复核：　　　　　制表：张玉英

业务 29

南京银行进账单（回单或收账通知）

2020 年 12 月 31 日　　　　　　　　　　　　　　第 201 号

付款人	全　称	南京宏达有限公司		收款人	全　称	江苏天明有限公司								
	账　号	33011809032591			账　号	124012021342								
	开户银行	工商银行汉府支行			开户银行	南京银行黄浦支行								

人民币（大写）叁仟元整				千	百	十	万	千	百	十	元	角	分
						¥	3	0	0	0	0	0

票据种类			收款人开户银行盖章

（南京银行黄浦支行 2020.12.31 转讫 (1)）

业务 30、31

损益类账户本月累计金额汇总表

2020 年 12 月 31 日　　　　　　　　　　　　单位：元

项　目	金　额	项　目	金　额
主营业务收入		主营业务成本	
其他业务收入		税金及附加	
营业外收入		其他业务成本	
投资收益		营业外支出	
		销售费用	
		管理费用	
		财务费用	
合　计		合　计	

会计主管：　　　　　　复核：　　　　　制表：张玉英

业务 32

应交所得税计算表

2020 年 12 月 31 日　　　　　　　　　　　　单位：元

项　目		金　额
利润总额		
调整项目	加	
	减	
本月应纳税所得额		
所得税率		25%
本月应交所得税		

会计主管：　　　　　　复核：　　　　　制表：张玉英

业务 35

利润分配项目计算表

2020 年 12 月 31 日　　　　　　　　　　　　单位：元

项　目	比　例	金　额	备　注
利润总额			
减：所得税			
本年净利润			
分配去向	提取法定盈余公积	10%	
	分配给投资者利润		
	……		
	未分配利润		

会计主管：　　　　　　复核：　　　　　制表：张玉英

参 考 文 献

[1] 谢丽芬，袁三梅. 基础会计实训 [M]. 北京：北京理工大学出版社，2010.

[2] 刘雪清，范颖茜，李建华. 基础会计习题与实训 [M]. 4 版. 大连：大连出版社，2014.

[3] 吴鑫奇，徐洪波. 基础会计模拟实训 [M]. 北京：中国轻工业出版社，2007.

[4] 赵丽生. 会计学基础练习及实训教程 [M]. 北京：清华大学出版社，2009.

[5] 曹军，贺宁. 会计工作入门 [M]. 北京：北京理工大学出版社，2010.

[6] 程淮中. 基础会计实训 [M]. 2 版. 北京：高等教育出版社，2012.

[7] 孙万军. 会计综合实训 [M]. 4 版. 北京：高等教育出版社，2019.